小学语文
教学

小学语文
综合素养提升
方法策略探析

聂庆芬　王慧璘　于建丽 ◎著

自主学习能力培养
学习兴趣及其培养策略
思辨性表达能力的培养策略分析
口语交际能力的培养
小学语文写作创造力培养

自主学习
兴趣培养
表达能力
写作创造

坚持以学生为主体，创设各种语文教学方法
引导学生进行对语文知识的学习和思考
提高学生的语言建构能力
实现对学生核心素养的培养

中国出版集团
中译出版社

图书在版编目 (CIP) 数据

小学语文综合素养提升方法策略探析 / 聂庆芬，王
慧璘，于建丽著. -- 北京：中译出版社，2024.4
ISBN 978-7-5001-7855-2

Ⅰ. ①小… Ⅱ. ①聂… ②王… ③于… Ⅲ. ①小学语
文课-教学研究 Ⅳ. ①G623. 202

中国国家版本馆 CIP 数据核字（2024）第 078468 号

小学语文综合素养提升方法策略探析
XIAOXUE YUWEN ZONGHE SUYANG TISHENG FANGFA CELÜE TANXI

著　　者：聂庆芬　王慧璘　于建丽
策划编辑：于　宇
责任编辑：于　宇
文字编辑：田玉肖
营销编辑：马　萱　钟筏童
出版发行：中译出版社
地　　址：北京市西城区新街口外大街 28 号 102 号楼 4 层
电　　话：（010）68002494（编辑部）
邮　　编：100088
电子邮箱：book@ctph. com. cn
网　　址：http://www. ctph. com. cn

印　　刷：北京四海锦诚印刷技术有限公司
经　　销：新华书店
规　　格：787 mm×1092 mm　1/16
印　　张：11
字　　数：218 千字
版　　次：2024 年 4 月第 1 版
印　　次：2024 年 4 月第 1 次印刷

ISBN　978-7-5001-7855-2　　　定价：68.00 元

前言

良好的语文素养不仅表现为有较强的阅读、写作和口语交际的能力，而且表现为有较强的文化素养——人文素养和科学素养。语文新课程旨在全面提高学生的语文素养，而语文素养是知识与技能、过程与方法、情感与态度的整合。因此，小学语文课堂教学必须从培养学生的语文综合素养入手，全面提高学生的各方面素养。对此，教师应摒弃传统的教学手段，改变单向化的授课模式，创设活跃的互动氛围，激发学生的自主积极性，转变角色，让学生产生主动探究的心理，全身心参与，使课堂质量显著提高。

本书从小学生语文自主学习能力培养介绍入手，针对小学生语文学习兴趣及其培养策略、小学生语文思辨性表达能力的培养策略进行了分析与研究；另外，对小学生语文口语交际能力的培养、小学生语文写作创造力的培养做了一定的介绍；还对学生视域下的小学语文阅读能力培养做了研究。在小学语文教学中，教师要提升学生的综合素养，就要加强对课程知识的分析，坚持以学生为主体，创设各种语文教学方法，引导学生加强对语文知识的学习和思考，培养学生的思维能力，提高学生的语言建构能力，促进学生对各种文化的理解，实现对学生核心素养的培养。

本书引用或参考的内容大多在结尾以参考文献的形式注明了出处。但由于本书是一个长期学习积累的结果，也由于当初引用"参考"意识不强或不规范，有些参考或引用内容的出处并没有记录或记录不准确。在此向有关参考文献的作者表示歉意，并向本书中所有参考文献的作者及给予我们帮助与启发的前辈、专家、同行及同事，表达衷心的谢意！

目 录

第一章

小学生语文自主学习能力培养

第一节　自主学习理论

一、要自主学习的原因

学到终极看自主，自主学习可谓学习的最高境界。人都有自我实现的需要。越是在自主状态下，独立地发挥出潜能，获得自我价值的实现，越有成就感，越能成为自由、健康、无畏的人。自我实现是人生追求的最高目标，教育的真正意义就在于帮助人满足这种追求，表现出自己的才能，体验最大的快乐。

有了这种自我实现的需要，学习应该是人的一种本能。人在获得生理需要、安全需要、社交需要、尊重需要的同时，自然会接受外在信息，在先前认知结构的基础上，积极主动地建构个人的知识大厦。通过活动和自主建构，个体的创造力、潜能、个性等，得以丰富、发展、完善。

要想让学生乐学，关注和尊重学生的需要是教育的必要条件。学生需要什么呢？搞明白这个问题，还需要从人的本性谈起。

尊重学生，欣赏学生，将人生的美好前景展示在学生面前，关注学生的内心世界，是教育取得成功的秘诀。

要想唤醒沉睡的潜能、激活封存的记忆、开启幽闭的心智、放飞囚禁的欲望，前提就是归还学生的自主学习权。只有自主，才能解放学习力。自主学习，学生与教师分享控制权，以协商的形式共同承担学习任务。如果学生能对自己学习的内容做主，能自我决策、自我选择并实施学习活动，能自主表露自己的能力、需要和偏爱，自然就会对自己的学习负责，就不会再敷衍塞责、偷懒耍滑。受教育者的精神世界应该是自主、能动地生成，而不是外部力量的雕刻、打造。

自主学习必须基于对学生的尊重。尊重学生，意味着尊重学生的需要。具体来说，学生有如下需要：探究的需要、获得新体验的需要、获得认可与欣赏的需要、责任承担的需要。真正的自主会对学习产生浓厚的兴趣，为兴趣而拼搏，再累也不觉得。正像爱打球的男生在操场上挥汗如雨是享受，棋迷盯着黑白棋子熬夜就是幸福。你让一群老太太追着足球跑，或让不知围棋是何物的书呆子去下棋，那比出苦力还难受。学习需要自主，自主学习就是尊重学生、满足学生的需要。

二、自主学习的概念与理论依据

有效的语文学习活动不能单纯地依赖模仿与记忆，动手实践、自主探究与合作交流是学生学习语文的重要方式，转变语文学习方式、倡导有意义的学习方式是课程改革的核心任务。

学习方式是指学生在完成学习任务过程中基本的行为和认知取向。学习方式具有鲜明的时代性。长期以来，由于应试教育的困扰，学生形成了被动、单一、机械式地接受的学习方式。科学技术的发展将人类带入知识经济时代，并对学习方式产生了巨大影响。据专家估计，当今时代人类知识总量正在以每五年翻一番的速度增长。以知识占有为目的的学习已不能适应时代发展的需要，获取知识的途径逐步从单一的书本知识向多元化方向发展。实践能力、收集与处理信息能力、合作交流能力将越来越广泛地受到关注和重视。新课程标准倡导的动手实践、自主探究与合作交流的学习方式，正是为了顺应时代和社会发展的要求。改变学生已有的语文学习方式，成为当今教学改革的热点。

创新的语文学习方式提出建议：一是语文教学应从学生的生活经验和已有的知识背景出发，为他们提供充分地从事语文活动和交流的机会，促使他们在自主探索的过程中真正理解和掌握基本的语文知识技能、语文思想和方法，同时获得广泛的语文活动经验；二是在教学活动中，教师要摆正自己的位置，要认识到语文教学是语文活动的教学，是师生交流、互动与共同发展的过程，学生是语文学习的主人，教师是学生语文学习的组织者、引导者、合作者；三是应认识到学生所处的文化环境、家庭背景和自身思维方式将使得不同的学生表现出不同的语文学习倾向，应允许不同的学生对同样的语文内容有不同的理解方式和表达方式，让不同的人在语文学习上得到不同的发展。那么，在语文教学实践中，究竟应该如何实现学生学习方式的转变呢？这是一个值得广大语文教育工作者探讨的问题。

（一）概念界定

1. 学习方式

学习方式不是指具体的策略与方法，而是指学生在完成学习任务过程中基本的行为和认知取向；不是指学习的具体小策略，而是指学习的大趋向。改变学生的学习方式，就是要转变目前学生总是被动、单一的学习方式，提倡多样化的学习方式，让学生成为学习的主人，使学生的主体意识、能动性和创造性不断发展，培养学生的创新意识和实践能力。

2. 自主学习

自主学习是指学生在教师的科学指导下，通过能动的创造性的学习活动，实现自主性的发展。教师的科学指导是前提条件和主导，学生是教育的主体、学习的主体；学生能动的创造性的学习是教育教学活动的中心，是教育的基础方式和途径；实现自主性发展是教育教学活动的目的，是一切教育教学活动的本质要求。这是指狭义的"自主学习"。广义的"自主学习"是指人们通过多种手段和途径，进行有目的、有选择的学习活动，从而实现自主性发展。

3. 探究学习

小学语文探究性学习，主要是指小学语文课堂教学中，学生在教师的指导下，用类似科学研究的方式去获取知识、应用知识、解决问题的学习方式。这里，学生的探究学习是在教师的指导下，在班级集体教学的环境中进行的。而教师的主要角色则是语文学习的组织者、引导者与合作者。

4. 合作学习

小组合作学习是以学习小组为基本单位、以小组成员合作性活动为主体、以小组目标实现为标准、以小组总体成绩为评价和奖励依据的语文策略体系。

（二）理论依据

1. 发展性理论

每个学生都有发展的潜能，都可以培养成适应社会需要的建设者。学生的创新意识和实践能力要在自主探究学习活动中得以培养和发展。充分调动学生学习的能动性，是语文教学追求的理想目标，是学生自主探索，发展学习的必要保障。人是世界上思想最丰富的生命，要把课堂作为师生生命发展的载体，让课堂充满生命活力，要让学生主动地发展，并挖掘学生的潜能。

2. 人本主义理论

教育要面向未来，就必须确立"主人、主体、主角"的人格本位的学生观，强化以教会学生自主学习为目的的教学研究，构建以学生为中心、以学生自主探索活动为基础的新型的教学过程。教师必须把学生当作一个平等的人、发展中的人来看待，尊重学生人格、相信学生潜能，努力营造一个让学生能够自主探究的、良好的教学环境。人本主义理论强调以人的价值的实现、情感体验的满足、精神的健康、创造力的激发为教学的宗旨。它重视个性的交往、师生间情感的交流，为建立平等和谐的师生关系提供可能，为学生的可持续发展奠定基础。

3. 合作学习理论

合作学习理论认为教学过程要有个信息互动的过程，视教学动态因素之间的互动为促进学生学习的主要途径，它不再局限于师生之间的互动，而是把互动的中心更多地聚焦在学生之间关系的拓展上。在学生相互交往中，他们为了实现共同的目标，积极主动地参与、热心互助、真诚相待，都设法把自己的见解通过语言和动作表达出来，在合作学习中，个性得到进一步的张扬、合作能力也得到培养。

4. 创新理念

学校教育意在培养学生的创新意识和创新能力，塑造学生的创新人格。为此，教师必须具有强烈的"为创造性而教"的意识和热情，努力探索出一条科学的创新教育之路，并以此为基点，结合学生的学习实践和对未来的设想，鼓励学生独立想象、大胆探索、别出心裁、标新立异，提出自己的新思想、新观点、新思路、新问题、新设计、新途径、新方法。

5. 小学生的心理特点

小学生对周围事物充满好奇，儿童有一种与生俱来的、以自我为中心的探索研究方式。在人的心灵深处都有一种根深蒂固的需要，这就是希望自己是一个发现者、研究者、探索者。在儿童的精神世界里，这种需要特别强烈。

6. 探究学习理论

认知心理学认为，儿童对客观现实的认识来自对外界的尝试性探究活动，而学生用自主的学习方式探究新知，对他们来说是最好的方法。

（三）研究目标

第一，探索在新的教育理念指导下的"自主、合作、探究"学习的课堂教学模式及其操作策略。

第二，通过对"自主、合作、探究"学习方式与原有学习方式下学生学习效果之间的比较、分析，弄清学习方式对学生学习效果的影响程度。

第三，按照"自主学习、合作学习、探究学习"的教育理论，建立科学的学习方式，激发学生内在的学习兴趣，逐步培养学生学习的自主性、主动性和创造性，使之不仅会学习，而且爱学习，养成良好的学习习惯，为其终身学习奠定坚实的基础。在这个过程中发展学生健全的人格，使学生的个性得到充分的发展。

三、实施"自主合作学习"

人人学有价值的语文，在新课标的要求下，回顾这几年新课程改革走过的历程，虽然取得了一些成果，但是回头理性地思考，我们会发现在许多方面似乎还是存在花架子。"有效的学习活动不能单纯地依赖模仿与记忆，动手实践、自主探索与合作交流是学生学习语文的重要方式。"这就要求改变学习方式，增加语文的趣味性、重视过程性、培养创造性，这就充分说明了自主学习在小学语文中的重要地位和作用。在课堂教学中"自主合作学习"似乎已经成为新课改下的一个撒手锏。那么，教师对"自主合作学习"这种小组合作学习方式应了解些什么呢？到底在课堂教学中应该怎样组织学生进行小组合作学习呢？下面我们一起来探讨。

（一）合作学习理论

合作学习是指在小组中为了完成共同的任务，经历动手实践、自主探索和合作交流的过程，是有明确责任分工的互助性学习。它使本是一个个孤立的个体，在合作问题的聚集下，群策群力，互相取长补短，团结合作。

1. 能自尊自信

学生对自己的学习有明确的要求，了解自己学习上的长处及问题，能自我肯定，对自己的能力有充分的信心，有积极、成功的心理体验。

2. 能自我调控

学生在学习动机、方法、结果等方面具有认知能力，能及时发现学习中的问题并努力进行有针对性的补救和调整。

3. 能主动参与

学生能积极主动地参与各项课内外的学习活动，并有强烈的进取心、表现欲和竞争意识。

4. 有良好的合作精神

学生具有良好的人际交往的能力，在多重多边交往中，能做到互相理解、互相尊重、互相学习、互相帮助，共同协作完成教学任务，共同前进。

（二）自主与合作的关系

1. 自主与合作是一种平等关系

自主探索和合作交流都是学习的不同形式，没有主次之分，都离不开教师的组织和引导。"自主探索"是让学生有自己独特的内心世界和生动活泼的思维活动。教学中应该通过创设一种具有开放性的问题情境，让学生有充分思考、想象和表达的时间和空间。而"合作交流"作为现代教学中的一种重要的学习方式，也是提高课堂主体参与效率、拓宽学生情感交流渠道的重要方法。

2. 自主与合作是一种互补关系

在教学中自主与合作相互渗透、相辅相成，既能发挥学生个体作用，又可发挥群体效应的效果。合作要以独立思考为基础，要因材施教。有的内容需要自主探索而不需要合作，不同的学习内容有不同的合作方式和合作时机。当学习活动中产生不同意见时、研究结果多样时、独立思考困难时、解决策略不同时、需要分工操作时等，这些都是合作学习的好时机。

（三）创设自主合作学习的氛围与环境

创设自主合作学习的氛围与环境，关键是教师要更新教育观念，努力更新基础教育的价值观，培养跨世纪人才的学生观及学校新的教育活动观。因此，作为教师应该做到以下三点：

1. 尊重每个学生的人格

教师要尊重每个学生的人格，建立平等和谐的师生关系，真正把学生当成小主人，尊重他们、信任他们、关心他们、鼓励他们。平等地对待每个学生，特别是要给后进生更多的温暖和关爱，使学生都对生活充满自信。

2. 尊重学生的个性，因材施教

每个学生都有自己的独特性，相互之间存在差异。教师要从研究差异入手，承认个性、尊重个性，因材施教，为每个学生的个性发展创设一个和谐、愉快的氛围。

3. 善于挖掘学生的潜力

教师要相信每个学生都有巨大的潜力。现在，教育者的任务就是引导学生认识到他们具有潜力，为他们创设潜力发挥的条件、机会和环境，鼓励他们自主发挥。

(四) 在教学中灵活运用自主与合作

1. 合理构建合作小组

合作学习的重要而有效的形式是"学习互助小组"，小组成员的搭配直接关系到合作学习的效果。合作小组通常在四人至六人为宜。在组建的时候座位的安排应进行合理搭配，让每个学习小组兼顾不同性格、不同性别的学生，使优等生的才能得到施展，使中等生得到帮助，实现互相学习、取长补短、共同提高的目的。

2. 明确小组内的分工

合作学习把个人之间的竞争转化为小组之间的竞争，所以在合作前进行分工，合作中各负其责，逐渐体会到在群体合作的氛围中学习的乐趣与收获。

3. 及时把握合作时机

教师要善于抓住最有利的时机组织有效的小组合作。当学生思考出现困难时、意见发生分歧时、解决问题的方法多样时、知识需要拓宽时、问题涉及面大而学生回答不全面时……都最好及时地安排学生以小组合作的方式展开学习。

(五) 小组自主合作学习的实践

对一二年级的小学生来说，合作学习的意识、能力、方法都十分有限，对他们开展富有成效的合作学习有一定的难度，但是并不能因此放弃小组合作学习在低年级教学中的应用。如何在低年级教学中有效地开展小组合作学习呢？

1. 培养学习小组，逐步掌握合作技巧

许多合作学习的失败在于：学生不会倾听、不会交流，只会各说各的、各干各的，表面上有合作之形，实际上无合作之神。因此，培养学习小组，让学生学会合作，就成了小组合作学习顺利进行的前提。小学低年级学生，合作意识、合作习惯、合作能力极为有限，在培养学习小组时，注意要分阶段培养。在小组合作的初期，学生的合作能力几乎为零，此时要注意合作小组人数的起点是两人。一人说，另一人听；或者一人操作，另一人观察、评价。然后换位进行，让学生逐步适应接受这种学习方式。

2. 深入教材，精选合作学习内容

教师在进行教案设计时，提供给小组学习的问题必须考虑到学生的认知基础、合作能力，把那些具有探究性和开放性，仅凭个人的力量难以考虑周全，需要发挥小组集体智慧的问题，让学生合作学习，不要只顾形式而不重内容。

（六）总结评价，提高自主合作后劲

小组活动后，教师要及时进行总结评价，一方面，指导学生统一认识，得出结论；另一方面，对小组中成员的表现也要进行分阶段的评价，主要从是否友好、工作是否认真负责等方面进行，尤其要关注那些在学习上有一定困难的学生，对他们的丝毫进步都要给予及时的肯定。

通过教学实施过程，能够发现这样或那样的问题。相信只要教师们不断地探索、实践，"小组合作学习"的模式将不断发展、日趋完善，从而更有效地提高小学语文课堂教学的质量，促进学生的全面发展。

四、自主学习的指导策略

自主学习一直是国内外教育界共同关注的一个重要问题。一般认为，学校条件下的自主学习是指在教师的指导下，学生根据自己的学习基础和学习特点，选择适合自身发展要求的学习内容、学习方式、学习场所及学习所需要的学习材料等，以掌握自觉主动学习的学习理论和学习模式。它是指建立在自我意识发展基础上的"能学"，建立在学生具有内在学习动机基础上的"想学"，建立在学生掌握了一定学习策略基础上的"会学"，建立在意志努力基础上的"坚持学"。

自主学习的提出具有重要的理论与实践意义。自主学习理论认为，学习是学生自我建构知识和转化学习能力的自生产的系统过程，学习者能够根据自己的认知因素特别是自我效能感的变化进行自我调节、完善自我，学习者主观的自我反省被理解为学习的中心，学习者对学习内容等进行自我选择与自我负责。

自主学习适应了国际"终身学习"和"学习化社会"潮流的要求，并有助于改变我国基础教育中强调接受学习、死记硬背、机械训练的现状。

自主学习并不能简单地等同于"自学"，它不是指学生完全自发地学习，教师可以不管不问。自主学习是学生在教师指导下自觉主动地学习，要将自主学习应用到教学情境中，教师发挥着非常重要的作用。教师要积极转变观念，承认学生是自主学习的主体；教师要"放权"，给学生以自主学习的自由与空间；在学生自主学习过程的始终，教师要给予适时适当的指导。相对于被动接受学习而言，自主学习对教师的要求不是降低了而是提高了。因此，教师要掌握以下策略，以更好地指导学生自主学习。

（一）帮助学生做好自主学习的心理准备

自主学习相对来说是一个"新生事物"，对习惯于被动接受学习的学生来说，心理上可能难以接受。正如一直被关在笼子里的鸟儿，一旦把它放飞了，它可能会茫然无措，不会自己找食吃，反而难舍笼子里"衣食无忧"的生活。对许多过于被现有教学方式束缚的学生来说，可能不知如何自主学习，"自由"反而成了"不自由"。因此，教师需要帮助学生做好自主学习的心理准备。

1. 促进学生学习观念的变革

有许多小学生并不清楚为什么学习，在家长"望子成龙"的期待与教师"满堂灌"的殷殷关怀下，他们可能认为自己是为父母学的、为教师学的。必须让学生意识到学习的目的是学生自己的生存与成长，在实现自我的基础上为社会做贡献，要做到自我价值与社会价值的统一，从而加强学生学习的紧迫感，树立起学习的责任心和使命感。在知识经济时代，"知识爆炸"，知识的更新率极高，知识的储备虽然仍很重要，但更重要的是获取知识的方法与能力。因此，学生要自觉主动地去掌握"渔"，以利于在学习过程中更好地获得"鱼"。

2. 激发学生自主学习的内在要求

人的心理的构成因素十分复杂，不光有认知，还有情感、意志等。除了帮助学生树立自主学习的观念外，还要让学生知道每个人都有可能取得好的学习成绩，关键在于发挥自己的主观能动性，从而激发其学习的自觉性与主动性。

第一，要激发学生的学习兴趣，使他们产生高涨的学习热情，把学习视为一桩乐事。

第二，要正确引导学生的学习动机，使学生在内在动机驱使下努力学习，并通过归因训练提高学生的自我效能。

第三，要使学生产生对学习的合理期待，既要有好好学习的积极情感和学习心态，又要把学习目标定位得比较具体实际。

3. 引导学生进行自我分析

"自知者明"，只有对自己有清楚的认知，才能更好地促进自主学习。现有教学中许多学生被动接受学习，就是因为他们并不能清楚地认识自己，不敢相信自己有自主学习的能力。因此，教师要引导学生进行自我分析和自我评价。

第一，要让学生明确自己的基本心理状况，比如个性心理特点、情绪状态等，这有利于形成学生自主学习的良好而安全的心理环境，并可随时调控心情以利于身心健康发展。

第二，要了解自己的学习风格和学习方式，以利于采取相应的学习策略与学习方法，而不会盲目地效法他人。

第三，要引导学生分析自己的学习起点，包括知识经验、能力水平等，避免学习目标定得过低或过高，也有利于培养学生学习的自信心。

4. 让学生明确学习任务特点

自主学习的学习任务有两种类型：一种是为了学生的发展规定的必须学习的任务；另一种是学生根据自己兴趣特点可以选择的任务。首先，学生要对学习目标有个大致定位，最好能明确并具体化，以利于取得学习成效；其次，要引导学生对学习内容进行细致分析，以理出学习内容的基本逻辑层次，并分析学习内容的深浅难易，以及学习内容的价值性与适切性。学生自主选择学习任务时，要切合自身能力水平，尽量选择有一定挑战性但经过努力可以完成的任务，以适合自主学习能力的培养，并最终有利于学生的自我成长。

（二）创设学生自主学习的良好条件

抽象的学习是不存在的，任何学习都是具体的、有条件的，即学习要存在于时间、空间、场所等具体情境中。自主学习也是如此，学生要选择好利于自主学习的良好场所，以适应自身学习的特点，避免分心物的干扰，以利于提高学习效率。教师也要创设好自主学习的良好条件，形成有利于学生自主学习的教学情境，因为有些条件是学生难以控制的，需要教师配合解决。

1. 给学生以自主学习的自由空间

目前基础教育的一个突出弊端就是教师管得太死。课堂上教师使劲地"满堂灌"，学生在下面也被动地听与拼命地记笔记；课下教师布置一大堆作业，学生则没命地做与写；考前教师突击强化复习，学生更是自我加压死记硬背。如此，教师和学生都很累，但是教学效果却不佳，学生学不了自己的东西，硬性灌输的东西难以巩固应用，更别说创新。教师要"放权"，把学习的自主权还给学生，因为学习本来就是"自求自得"的过程。教师要支持学生自主学习，在精神上给学生以心理安全与自由，在物质上给学生以学习场所、材料及必备设施等的保证。自主学习应该是多维度、多层次的，教师要努力满足学生自主学习的需求，做到时空开放、学习自由。

2. 营造群体支持的学习氛围

自主学习要求学生学习要有自觉性与主动性，反对被动盲目学习，但这并不是说学生完全靠自己独立学习。事实上，学生学习是离不开他人的，所谓"独学而无友，则孤陋而寡闻"。通过与他人的对话与交流可以达成理解与共识，通过沟通可以交换看法，通过质疑问难的辩驳可以深化并提升自己的认识。整个社会普遍要求既要竞争又要合作，许多学习任务需要在团体中才能完成，学生的参与精神需要在群体活动中进行培养。而在目前班级授课仍是教学的基本组织形式，所以，创造民主、平等、和谐的课堂气氛十分重要，只有"群体向学"，才能形成有利于学习的"心理场"，学生才能获得自主学习的外在动力。

3. 创设自主学习的问题情境

近几年，"问题解决"的课堂教学模式因其能够有效地培养学生的创新意识与实践能力而备受人们关注。学生自主学习的过程，其实也就是学生自行解决问题的过程。由于许多学生还不会自主学习，需要教师精心筛选、设计思维空间比较广阔的问题，创设问题情境，培养学生的自主学习能力。问题要从实际中来，要有开放性、探索性和典型性；问题的难易要适中，符合学生的解决能力；增强问题的隐蔽性和冲突性，以暴露学生学习的不足而查缺补漏；设置问题还要关注学生的个别差异，利于每个学生发展。通过问题解决可以激发学生兴趣、引起学生质疑、引发学生思考，产生积极的情感体验。学生自主解决问题，可培养其学习的独立性与自觉性。

4. 做出计划，将自主学习整合到课程中

教师要处处引导学生进行自主学习，如在上课中精讲多练，允许学生自主发言和集体讨论，在教学方式上给学生的自主学习以支持。但鉴于目前学生仍难以做到自主学习，需要进行自主学习的教学，单独开设自主学习的课程或在语文学科教学中进行自主学习方法的训练。教师要做好系统设计，对自主学习的教学进行认真计划是确保其正确实施的关键。教师要考虑怎样安排课程、讲授哪些策略、自主学习作业的难度等，确保自主学习的"过程"与"内容"紧密结合。教师要关注自主学习课程提供的有效信息量及深度和广度，不断反思以改进计划和教学方法。

（三）引导学生自我监控学习过程

自主学习的过程是学习者自觉主动地进行学习的过程。学生自主选择学习策略与学习方法，自主解决疑难问题，并在学习过程中获得积极的情感体验，从而增强自信心并获得自我效能感。在自主学习过程中，离不开学生的自我监控，只有随时进行自我体察，才可能发现学习中的问题与不足，验证学习策略与方法的正确性与适切性。教师在学生自主学习过程中，仍要给学生指导，以利于学生更好地进行自主学习。

1. 关注学生在自主学习中的积极的情感体验

首先，自主学习的过程是学习者积极体验的过程。学习者自主选择学习任务、学习内

容与学习策略，这种选择不是学习者盲目、被动地选择，而是基于他们的需要与兴趣的选择。做自己喜欢做的事，是心甘情愿的，而不是被逼迫的，这本身就能获得积极的情感体验。其次，学生在学习过程中把学到的知识进行协调与整合，通过实践活动得以内化与领会，获得了理解与迁移，并得到了满意感，增强了自信心。教师希望学生获得的也正是这种积极体验，所以要予以关注，并采取鼓励、奖赏等手段来强化学生的积极情感，增强其自我效能。

2. 教给学生有效的学习方法

学生有了自主学习的权利与心态后，不一定会有效地进行自主学习，因为学生并没有掌握有效的学习方法。"工欲善其事，必先利其器。"教师有必要进行有效学习方法的教学。学习方法有许多种，有理解与掌握学习内容的方法，有进行心理调控的方法等，教师要合理安排讲授的内容，以兼顾学习方法教学的多样性。教师在学习方法教学中要注意操作性示范，可通过课件来演示，这样多媒体技术与网络成为必不可少的工具。在学习方法教学中，要贯彻讲懂、讲透、会用的原则，使学习方法真正发挥有效性。

3. 指导学生选择学习策略

没有一种学习策略是放之四海而皆准的，因为每个策略都有其独特的功效，而且对特定情境中的特定学生有效。所以，学生必须对所学的学习策略进行选择，找出适合自己的策略，以利于更好地自主学习。教师在学生进行策略选择时要给予适当指导，以防止学生浪费时间与精力。教师要适时点拨，引导学生自我认识，包括自己的学习类型、风格等，并对学习策略进行分类，找出最适合的。当学生采用新的学习策略时，由于开始不熟悉，往往习惯于旧的学习策略，而使新策略的效果不明显。教师要指导学生进行自我监控，使其逐步对学习策略熟练应用并达到自动化，否则就要尝试新的策略。

4. 帮助学生解决疑难问题

学生自主学习的过程也就是问题解决的过程，学生自主学习培养的也就是发现问题并解决问题的能力。但由于学生的知识能力水平有限，或者问题过于复杂，学生总有难以解决的问题，因此，需要教师帮助解决。教师要引导学生发现并界定问题，对症下药地寻找解决方法，并指导学生检验解决方法。若不成功，再次修改假设与方案。

以下三点需要教师注意：

第一，不要越俎代庖，学生自己的学习问题要自己解决。

第二，要因材施教，每个学生面临的问题不同，教师需要进行个别辅导，有共同问题方可进行集体教学。

第三，要关心尊重学生，使学生获得积极的情感体验，并加强学生在解决问题中的意志控制。

（四）协助学生进行自我评价

自主学习提倡学生自我选择、自我负责，这不光表现在学生在学习过程中的自主，在学习结果的评价上学生也有自主的权利。但现在教育中过于强调外在评价而忽视自我评价，学生在这方面的能力还很薄弱，因此，教师应指导学生建立合适的评价体系。

1. 帮助学生建立自我评价标准

评价是需要一定标准的，否则难以鉴别好坏。自主学习的评价也需要建立一定的标准，以判断自主学习结果的成功或失败。自主学习评价标准的制定要客观、公正，也要关注学生的个别差异，体现出以学生为中心的"人性"。自主学习不提倡群体间相互比较，虽然别人学得好可作为借鉴的例子，但学生与学生间是不同的，有时自主学习的任务难度等也不同，自己跟自己比才是最好的评价方式。一般提倡自主学习达到预期的目标即为成功，但有时因为学习任务过难等，虽然学习者并未达到预定目标，但只要比自己以前有了进步，应该说就是阶段性的成功，不能完全视为失败。

2. 引导学生进行自我反思

学习反思是学习者以自己的学习活动为思考对象，主动自觉地对自己的行为、决策及由此产生的结果进行的审视和调控。作为一种反向思考，主要是"由果索因"。学习者对学习结果进行反思可以明确学习过程中的经验与失误，并可以对以后的学习加以指导。例如学习结果不好时，学习者便会检查学习策略的有效性，并对学习的具体策略进行调控，以利于目标的实现。结果的不同归因也会影响学习者以后的学习，若把学习的成功与失败都归因于努力与否将会有可能促成以后的成功；若归于能力或运气，将导致结果不确定，对自我效能低的人来说则是惨痛的打击。因此，教师应引导学生积极反思，找出不足，并相信自己的能力而加以努力。

3. 鼓励学生展示学习成果

学生通过自主学习，可以产生许多学习成果。由于这些东西都是学生自己做出来的，心里十分喜悦，急于向别人展示。但我国目前的教育状况一般是要求学生整齐划一、评价方式单一、提倡学生"谦虚谨慎"，这不利于学生自主学习。教师要努力使教学组织形式多样化，开放课堂，让学生自主表现，自由展示学习成果。学生的学习成果展示的形式可以多样化，可以开展览会，可以当堂演示，也可以自己制作学习档案，等等。通过学习成果展示，可以增强学生自主学习的信心，获得积极的情感体验，并可以进一步提高学生的自主学习能力。

4. 促成自主学习螺旋式上升

学生自主学习的实施模式大体分为四个阶段：第一是学生通过各种方式评价自身的学习特点与学习起点，并确立"可望不可即"的学习目标；第二是依照实际选择自主学习的内容，并根据自己学习风格选择切实可行的学习策略；第三是策略执行的过程，也就是学生进行自主学习的过程，在学习过程中需要进行自我监控；第四是总结评价学习结果，找出经验教训，在新的起点上进一步自主学习。所以，自主学习的实施模式从形式上看是循环往复的，而其实质上则是螺旋上升的。教师要关注学生自主学习的各个阶段，并在每个自主学习过程循环的"终点"进行鼓励强化，努力促成自主学习螺旋式上升。

第二节　在语文课程中培养学生获取知识的能力

一、小学语文教学中培养学生自主学习的能力

新课程课堂教学是在教师指导下，学生自主学习，自己探究的过程，应以学生自主学习为核心，以学生学会学习、主动发展为方向。在课堂上应充分解放学生的眼、口、手、脑，给学生提供动手动脑实践的空间。教师是课堂教学活动的组织者和引导者，教师应转变观念，在教学中充当学生学习的伙伴、合作者、指导者，要教给学生学习的方法，培养学生自主学习的能力。那么如何培养学生自主学习的能力呢？

（一）构建民主、平等、和谐的师生关系

传统的教学模式中，教师是教学的中心，是知识的拥有者、道德的裁判者。长期以来形成的"师道尊严"，使教师高高在上，缺乏对学生应有的尊重和关爱，隔绝了师生间的互动和交流，以教师讲、学生被动听的"满堂灌"模式，以气氛死板、单调的课堂教学模式，束缚了学生的思维。有些教师甚至错误地认为，教师严厉，课堂纪律才会好，才能完成教学任务。这样的师生关系，必然伤害学生的自尊心，影响学生健全的人格和个性的形成和发展，扼杀了学生的学习自主性和创造性，教学效果也不佳。因此，必须营造一个宽松、和谐、温馨、愉悦、活泼的课堂教学氛围。教师应是主持人、导演、教练、服务员等，而学生才是主人和重要角色，只有这样，师生之间才能建立起民主、平等的关系，才能适应创新教育的要求。这就要求教师的角色要进行换位，要从传统的传授者转向现代的促进者。具体来说，教师应是开发者、引导者、组织者，而学生则是学习者、发现者、研究者、创造者。在课堂教学中，教师要注重与学生沟通，研究学生的年龄特点和个性特

点，了解其认知规律和兴趣点，与学生交朋友、谈心，进行书信交流沟通，使课堂气氛和谐民主，给学生创造创新的环境，使其具备创新的品质，并根据学生的特点制订方案、措施，迁移、激发学生的学习兴趣，以乐学、爱学为舟，促使学生到达成功的彼岸。

（二）充分调动、发挥学生主体性的学习方式

要充分发挥学生在学习中的主动性和创造性。教师在教学中，要充分地体现"以生为本"的教学理念。在教学中培养学生自主学习的能力，改变原有的单纯接受式的学习方式，形成旨在充分调动、发挥学生主体性的学习方式，是课改的核心任务。这样做的目的就在于要把学习过程中的发现、探究、研究等认识凸显出来，使学习过程更多地成为学生发现问题、提出问题、分析问题、解决问题的过程，从而培养学生的创新精神和实践能力，使学生逐步走上富有个性化的自主学习之路。

（三）开展活动是主动学习的动力

语文教学应创设让学生活动的机会，以活动增强学生自主学习的热情，在活动中使学生学知识、长见识、练才干。若只是盲目地提倡多读多写，很可能事倍功半，而在读写过程中加进说和演，提供学生语言实践的机会，开辟领悟和运用语言的天地，对学生语文素养的提高是大有裨益的。同时，就学生的学习过程来说，有益、有趣、有效的活动也是促进自主学习的动力。可以说有了活动，课堂就会充满活力；有了活力，自主学习的动力就更强。

1. 演一演

选择教材中具有较强的故事性、情节有趣的课文让学生"当当小演员，亲自演一演"，会收到意想不到的效果。例如在教学《将相和》一课时，某教师就采用了表演的学习方法。以一个小组为单位，小组合作，小组间展开比赛。教师先让学生挑选课文中自己喜爱的角色，再让学生仔细地研读课文，并确定具体演哪一个故事，然后写成剧本形式。教师要求学生表演结束后评出最佳演员等。整个过程中，学生的自主能力得到充分锻炼，教学效果较好。

2. 游一游

在教学作文课"春天的发现"时，教师可先带领学生进行一次春游活动，让学生到大自然中去观察春天的景物，然后让学生将自己观察到的春天景色用语言描述出来，最后让学生将自己观察到的春天景色记述下来。在整个活动中，学生兴趣盎然，真正体会到了知识来源于生活、来源于实践的真理，充分调动了学生自主学习的兴趣，收到了良好的

效果。

3. 访一访

让学生当一回记者，采访充当课文中人物角色的同学。这种形式的活动放在课文教完后进行，有助于巩固学习所得，学生也喜欢。比如学习完《草船借箭》后，选一位同学扮演记者角色，向扮演"诸葛亮""周瑜""鲁肃""曹操"的同学问几个问题。当记者的同学只有对课文有较深的理解，所提的问题才深刻；被问的同学也只有熟悉课文中的人物，说话才机灵、流畅，具有哲理性。

（四）创设良好氛围，激励自主学习

创设良好氛围是落实学生自主学习的重要因素。教师应充分信任学生，把学习的主动权交给学生，教授读书方法，放手让学生自己读书；创设自主学习氛围，培养学生浓厚的学习兴趣、良好的学习习惯、强烈的学习责任感，让学生的学习主动性得到充分发挥。

首先，应创设自学氛围，教给学生自学方法。让学生自主学习，并不是放任自流，在学生自学前，教师应教给学生自学的程序与方法，采用一读（将课文读通读顺，了解课文脉络，知道课文主要讲了些什么）、二思（看一看"预习提示"，读一读课后思考题，明确新课要学什么）、三写（认真读课文，深入思考，在文中圈圈画画，记下疑难，写下感受）、四用（及时用工具书，迁移旧知识，初步解决一些自己能解决的问题）的方法，使学生自学时有法可循，明白如何入手，懂得先做什么、再做什么、最后做什么。由教到学有个过程，这个过程是不可缺少的，教师要充分发挥引导和示范作用，但不要扮演包办代替的角色。

其次，营造民主氛围，让学生愿学。教师要转变角色，努力营造出和谐、平等、民主的教学氛围，通过生说生评、生说师评、师说生评等形式，让学生自己解决问题，使学生走向成功，体验到成就感；适当组织学习竞赛，开展合作学习，激发学生自主学习的动机，使学生愿学、乐学。教学民主氛围的营造，可通过以下方式进行：

1. 主动汇报，交流学习

在学生自学后，教师要创设让学生交流学习所得的机会，培养学生主动汇报学习情况的习惯。可让学生站起来说话，教师避免举手指名等烦琐形式，学生说话不拘束，课堂呈现气氛热烈、思维活跃、情绪高昂的场面，讨论、争论中不时碰撞出创新思维的火花。

2. 互相讨论，及时评价

可通过同桌讨论、小组讨论、师生讨论等多种形式组织教学，营造民主评议的氛围。学生的发言有优有劣，这对帮助学生掌握分析问题、解决问题的方法有借鉴意义。学生通过互评、互议，相互启发、互教互学，在民主融洽的课堂气氛下、在教师的适时点拨下，愉快地完成了学习任务，从而也提高了学生评判分析能力、语言表达能力和逻辑思维能力。

3. 大胆发问，鼓励创新

教师首先要鼓励学生对不明白的问题大胆发问，提倡学生给教师提意见，诱导学生的积极思维，发表独立见解，鼓励学生标新立异。当学生想法与教师不一致时，教师切勿把自己的想法强加给学生，应耐心倾听，多问学生是怎么想的，对思考不够深入的问题要鼓励引导学生进一步去探究，将学生思维活动引向深入。更重要的是，要激发学生敢提问、爱提问、乐探究的兴趣。

总之，课堂教学中组织学生活动的方式很多，具体选择哪一种应有针对性，活动原则应突出开放性、主体性、挑战性，活动目标应致力于能力的培养，诸如自主学习的能力、获取知识信息的能力等。课堂教学活动多多益善，因为它好比是推动学生自主学习的发动机。

综上所述，培养学生自主学习的能力，是小学语文课堂教学的重点。小学语文教学中培养学生自主学习的能力，既可以激发学生学习的兴趣，有效地培养学生自主读书，又能促进学生思维、意志、品质和情感的发展，使学生养成不断追求新知和进取的学习习惯。

二、怎样培养学生自主学习的意识和能力

学生是学习的主体，是具有主观能动性的人。要使学生把语文知识转化成自己的能力，学生必须自己主动学习。在这种思想指导下，教师应尝试引导学生自主学习，把学习的自主权交给学生，让学生学会独立思考，学会发现和提出问题，学会实践探究，学会评价自己和评价他人，使学生在主动获取知识的过程中获得全面的发展。下面从以下四个方面谈谈在语文教学中如何培养学生自主学习的意识和能力。

（一）创设情境，激发学生学习的兴趣

建构主义课程理论认为：通过特定的情境，使问题与学生的经验产生联系，"同化与顺应"新知识，改组或重建认知结构，是学生主动学习的启动环节。因此，教师在上课之前，通过简洁的导语，创设一个与学生学习相关的特定情境，让学生进入一个特定的学习氛围，使问题与学生的经验产生联系，是培养学生主动学习的第一步。兴趣可以转化为学生的主动精神，使其乐于学习，能够很快地学会和巩固地掌握。所以，创设情境，激发学生学习的兴趣是学生自主学习意识的第一步。

（二）引导学生自主探索，获得个人的情感体验和认识

建构主义课程理论认为：学生自主探索解决问题的思路、途径和方法，是主动学习的实质性环节。在这一环节，教师的作用在于当好学生学习的引导者、促进者。作为引导者、促进者，就是要教给学生探索或解决问题的途径和方法。

（三）培养学生自我评价和相互评价的意识和能力

1. 自我评价

自我评价就是要求学生对自己各个方面（认知、能力、情意、参与时空等）做出一个比较客观的判断。这个过程是一个自我反省、自我总结经验的过程，也是一个提高的过程。在这一过程中，学生通过对自己的回顾和检查、通过对自己的反省，就能在大脑中建立起正确的思维形象，从而使自己今后的学习活动取得更好的效果。在教学中，教师要通过自己的语言引导学生进行积极的自我评价，如"你的这种想法是否正确""你觉得你的主要问题在哪里"，再如"做错这道题的学生现在懂了吗"等。凡此种种，不仅提高了学生自评的积极性，而且在自我评价中学生愉快地学习了知识、发现了问题、弥补上缺漏。

2. 相互评价

相互评价包括学生互评、师生互评两个方面。在互评过程中，要积极鼓励学生大胆地发表自己的想法与看法，讲出不懂的问题与疑惑；学生也可以对教师的讲解与指导提出看法，教师更要及时地将自己在教学中发现的问题和获得的启发以多种形式反馈给学生。如在小组讨论、上黑板板演练习、回答问题等学习活动中，都应该有学生间、师生间的相互评价。教师要善于捕捉评价时机，鼓励学生积极参与语文问题讨论，勇于发表自己的观点。在互评中，学生不仅及时地发现问题、发现错误，而且在交流中学会了正确对待他人、对待自我，并对自己的学习方法、学习行为进行正确的调控。

（四）引导学生对自己的学习活动进行总结反馈

引导学生对自己的学习过程进行及时总结，总结自己完成目标的成功经验和失败教训，有利于学生及时调整自己的学习方式和学习心态等，有利于学生自我监控能力的培养。良好的学习心态、正确的学习方法和较强的自我监控能力，有助于学生取得良好的学习效果。良好的学习效果反过来又能促进学生自主学习意识的形成。学习理论认为，人是积极主动的有机体，人能够计划未来，把握现在，有效控制自己的学习过程。因此，引导学生对自己的学习活动进行总结反馈，在总结反馈中培养学生对自己学习过程的把握、调

节能力，能更好地促进学生理性学习、主动学习。

总之，让学生学会独立思考、学会发现和提出问题、学会实践探究、学会评价自己和他人，是学生自主学习的重要体现，也是教师教学的一项长期任务。作为教师，我们要充分发挥课堂这一主渠道的作用，激发学生自主学习的积极性，使学生真正成为学习的主人。

三、在小学语文学科中"自主学习，独立思考"习惯的培养

（一）创境激趣，小组合作，是学生自主学习的前提

自主学习的兴趣是学生进行自主学习的动力，它能推动学生去学习知识，激励学生积极主动地参与到学习活动中。在语文教学活动中，教师总是积极地创设一种情趣盎然、轻松愉快的学习情境，让学生在轻松愉悦的氛围中读书、交流，大胆思考、敢于质疑。例如经常组织学生开展小组合作学习，放手让学生自己去体会课文、感悟课文、提出问题，再从反复的阅读中回答自己提出的问题。进行小组合作学习时，由组长带领，组员人人动手、动口、动脑。同时，教师对学生的自主学习情况给予及时、正确的评价。这种评价应以肯定、表扬为主，让他们把成功的喜悦转变成自主学习的动力，牢固地树立起学习的信心。

（二）授之以渔，掌握方法，是学生自主学习的关键

在语文教学中，学生只有自主学习的热情还不够，关键是要让学生掌握一定的自主学习的方法和途径。教师应积极引导，通过各种途径的训练让学生逐步掌握自主学习的方法。

1. 语文预习的方法

课前预习是学生自主学习、独立思考的关键环节。学生通过预习，不仅能了解课文内容，扫除阅读障碍，为课堂教学奠定基础，同时还有利于培养学生自主学习的能力。在教学中，教师要重视对学生进行预习方法的指导与落实：每接一个新班时，教师都应利用学期初的一两节课手把手地教给学生如何预习课文，给学生示范预习步骤，并利用晨读时间检查预习效果。通过一段时间的教学，学生逐步领悟到最基本的预习方法，明白了课前预习主要完成三项任务：一是学习生字、新词等，为理解课文做好铺垫；二是通读感知，即了解课文大致内容，说出这篇课文写了什么事，主要人或事是什么，按什么顺序写的；三是要学生收集与课文学习有关的材料。为培养学生良好的预习习惯和能力，教师要让学

预习中做到"四个提倡"：即提倡"三问"（问自己、问字典、问别人）；提倡边读边想，在书上进行标注；提倡写预习笔记，即近些年教研室推行使用的预学卡；提倡自己提出问题，带着问题去听课。这些非常有利于学生的自主学习，同时也锻炼了学生整理知识处理信息的能力。其实，每一次对学生预习情况的检查正是教师分析学情的绝好契机，可以及时调整教案，努力做到"会的不再教，该指导的一定落实到位"，从而让我们的课堂更加省时高效。

2. 语文质疑的方法

最精湛的教学艺术，遵循的最高准则就是让学生自己善于提问。质疑可以使学生改变学习中的被动地位，激起学生探究新知的欲望。语文教学中引导学生质疑的地方很多，如结合文章课题质疑（低年级教学可以尝试着用）、抓住文章的空白处质疑、根据文章的写作特点质疑、从修辞手法处质疑。课堂教学时，教师可根据学段的实际需要及教材特点适时灵活地做出选择，这样我们的教学就可以真正落实以生为本、以学定教，实现高效课堂。

3. 根据语文知识的规律性选择学习方法

所有学科的知识看似纷繁复杂，但总有其规律性和内在联系，教师如果能归纳其规律性并教给学生，往往会有事半功倍的效果。例如对低年级段，教师在教学生认识"室"字的意义时，就要告诉学生"宝盖头"表示"房屋、门窗"，是由书写时演变而来的。凡带"宝盖头"的字都与"房屋、门窗"有关。学生依此类推，很快就可以掌握一大批字的大概意思。如带"扌"与动作有关，带"忄"的与心理活动有关，带"辶"的与运动有关。这样就教会了学生掌握一些基本的识字方法，逐步奠定了学生自学识字、辨字、辨义的基础。

而高年级学段，语文教材篇目繁多，但只要理清文体，还是万变不离其宗的。记叙文的学习，围绕其六要素（时间、地点、人物、事件的起因、经过、结果）进行，掌握其中心思想、叙述顺序、表达方式；说明文的学习则要掌握主要特点、种类和说明方法，把握说明对象的特征和弄清说明的顺序；应用文的学习，则要牢记其写作格式，把握写作要领。当学生掌握了这些文体的写作常识后，对以后的自学、阅读、写作都受益无穷。

4. 课后自主复习的方法

艾宾浩斯的遗忘曲线表明，遗忘的规律是先快后慢。因此，要指导学生根据遗忘规律及时复习、多次复习。每学一个新知识就要让学生及时复习，以阻止识记后立即发生的快速遗忘，并通过多次复习达到长久保持的目的。如生字的识记，在每一课学完后就及时巩固，一个单元学完后再次复习，期末测试时再进行集中复习，这样一般能收到很好的识记效果。

（三）坚持训练，养成习惯是学生自主学习的保障

应试教育的质量观是以学生掌握知识的多少来衡量，而素质教育的质量观既包括了知识，还应包括学生的能力及学习品质。自主学习习惯就是课改形式下学生的一种重要的学习品质，它是指学生为达到好的学习效果而形成的一种学习上的自动倾向性。叶圣陶先生说："什么是教育，简单一句话，就是养成良好习惯。"有了自主学习的习惯，学生就能积极主动地去完成教师安排的各项任务，能克服学习中遇到的困难和挫折，而不至于中止自学。

1. 让阅读成为习惯

每带一个新的班级，教师都应做以下四件事。第一，开学初教给学生根据自己的阅读状况制定本学期的阅读目录，有了目录单，孩子们似乎就有章可循，读书的紧迫感也会因此而生。第二，与学生一起建立班级图书角，并定期组织学生到学校阅览室阅读，让定期阅读和随时阅读穿插进行。第三，按时上阅读课。课堂上有时是教师给他们读一段或一篇文章，有时是学习小组好书推荐，有时是谈自己的读书方法，还有时是针对同一本书师生共同交流读后的感受和体会，总之，每一次阅读课孩子们都是意犹未尽。第四，充分利用墙壁和黑板报定期展示学生的读书小报、读书笔记、制作的书签作品等，为学生搭建自我展示的平台，激发阅读兴趣。

2. 让练笔成为习惯

当我们问孩子学习语文最怕什么时，他们往往会脱口而出"怕写作文"。是啊，这一直是学生学习语文的一大难题。那么，如何帮学生尽可能地扭转这一状态呢？经过实践我们发现，借助"小练笔"，对学生积累素材，提高写作水平确实有不小的帮助。

从四年级开始，我们教研组教师就商议并决定要加强学生小练笔的指导与评价。每单元会安排至少两次小练笔，一次是按照教材课后要求引导学生统一完成练笔，如仿写、续编、想象写等；第二次是自由命题练笔，主要是记录身边的人或事，心里有什么感受就尽情抒发，教师不限制字数，交流点评时以鼓励赏析为主。这一次次的练笔大大激发了学生写作的兴趣，为单元习作积累了素材，还让学生品尝到了成功的乐趣。

除此之外，我们还时常鼓励家长朋友批阅孩子的小练笔，偶尔可以给孩子写点评寄语，以便及时发现孩子的进步。因此，在这个小小的练笔本上我们落实着教师、家长、学生三位一体的教育观念，努力让更多的孩子不再惧怕写作，让写作成为孩子们生活的需要。

小学生要养成的良好学习习惯比较多，涉及学习活动的方方面面。习惯属于养成教育

内容，而养成教育绝非朝夕之功，必须坚持不懈。教师在对学生进行自主学习习惯的培养过程中，应从每个学习环节抓起，目标明确，严格要求，同时给予必要的指导、督促与鼓励，使学生在"学习—实践—再学习—再实践"的循环中进一步养成自主学习习惯，提高语文自主学习能力。

总之，自主学习是新课程标准教学的一个方向，是新课程标准真正进入课堂的一把标尺，让学生乐于、善于自主学习是当前课改形式下语文教学的一项重要任务。实践证明，只要激发学生的自主学习意识，重视自主学习方法的引导，通过适量训练，学生就能养成良好的自主学习习惯，就能主动学习，独立思考，不断获取新知识。

四、培养自主学习能力，构建和谐高效课堂

课堂教学中仅仅靠教师的讲授来让学生掌握知识，已经远远落后于现代教育的理念和宗旨，也越来越不适应现代社会迅速发展的时代要求。语文教学的过程应该是努力培养学生自主学习的能力、构建和谐高效课堂的过程，而语文课堂的教学过程则是以学生的自主学习为主，学生通过实践，总结出知识要领，并经历强化训练和教师的适宜点拨，拓展其抽象逻辑思维和解决问题的能力。

学生的学习能力从根本上说，就是四个字——"学会""会学"。学会是基础，学生在教师讲授的基础上获得知识和技能，这样的学习是被动的，也是低效的；会学则是提高，让学生在学会的基础上，自己提出问题、解决问题，从而达到获得知识的目的，这样的学习就是主动的、高效的。在语文课堂教学中，我们每一位教师不仅要努力地通过自己的讲授使学生获得更多的知识，更重要的是我们要下大功夫教给他们自主学习的方法，培养他们自主学习的习惯，进而培养学生会学的能力，使学生真正成为学习的主体和主人，从而构建和谐高效的语文课堂教学。

（一）教师要指导学生明确学习目标

学生学习是要有目标的，教师要善于创设目标情境，激发学生自主学习的欲望，进而明确目标，培养学生自主学习的能力。当学生明确了目标后，教师不是放任自由，而是要尽量帮助他们实现自己确定的目标，把大目标分解为一个个小目标，把学习中的重难点部分分解为自己跳一跳就能实现的小目标。通过学生不断思考，动手实践，再思考，再实践，来实现自己的最终目标，从而完成学习任务。一个好的学习目标，会更有效地引导学生去努力探究。学生真正动了起来，思维活了起来，学生就会学得主动，学得轻松，感受到学习的快乐。

在学习过程中，教师还要指导学生根据确定的学习目标进行合作性的学习探究，这样带着目标去学习，他们合作的意识也被大大激发了，学生的合作学习能力也得到了培养。最后教师还要善于做好学生目标性学习的评价工作。学生的目标性学习应该是一个循环的过程，从学生自觉地确定学习目标，选择学习方式，到监控学习过程，评价学习效果，形成相对稳定的个性化学习行为模式，并反复循环。每一次循环，都使得学生独立学习的能力得到不断提升。

（二）教师要善于指导学生掌握自主学习方法

1. 让学生掌握阅读的基本要求

现代教学论发展的趋势就是：把教学的重点从教师向学生传授知识，转移到在教师指导下由学生独立地获取知识，而独立获取知识、自主学习的基础首先就是要学会阅读。

在课堂教学中教师要善于有意识地培养学生会阅读的能力：一是要求学生在读准字音、正确断句的基础上保持一定的阅读速度，学会有感情地朗读文章；二是要求学生在快速阅读的同时脑子里要迅速地形成一定的意象，进而了解文章所讲的内容和表现的意图；三是要让学生反复去读、多种形式去读，让学生明白"文读百遍，其义自见"的道理。

2. 让学生掌握圈点批注的阅读方法

古人云，不动笔墨不读书，在语文教学中教师一定要教给学生圈点批注的自主学习方法，并努力使学生养成习惯。要求学生在预习的时候，必须有对生字、生词的注音、解释的批注，对段落序号的标示，对重点或不理解的词句的圈画，对感悟的地方的批语，长期坚持一定会对学生学会自学有很大的促进作用。

3. 要引导学生善于发现和提出问题

"学起于思、思源于疑。"质疑是问题的开始。要培养学生的自主学习能力和创新能力，就必须引导学生学会发现问题、提出问题。教师在教学中要善于创设问题情境，抓住一切时机，保护学生的求知欲、好奇心，鼓励学生生疑、质疑，引导学生认真观察，注意听讲，发现问题，敢于提出与他人不同的见解，大胆向教科书、向教师、向权威挑战，使学生以积极的态度和旺盛的精力主动求知，获得最佳教学效果，从而在同中求异的基础上培养学生的发散思维。

课堂上要引导学生发现一些有价值的问题，即要告诉学生从作者的写作意图上去考虑，围绕文章的主题和写作方法去寻找问题，发现问题后要自己先想办法解决，思之再三而不得时再提出来。

课堂上，教师还要放手让学生去猜想和提出假设，对学生的提问，哪怕是错误的问题，教师都必须认真对待，及时鼓励与表扬。既要有针对性地引导学生从多角度、多层面、全面辩证地去思考出现的问题，又要激起学生更深层次的思考，让他们畅所欲言、相互研讨、寻找答案、寻找规律，使他们的思维变得灵活而富有创造性。

（三）要努力培养学生的四种好习惯

1. 预习的习惯

学生进行预习，可以有三种层次：第一种是课前看一看课本；第二种是解决课本中的生字、生词，思考一下课后的练习；第三种是查找资料做深入研究。学生达到何种层次，与教师坚持要求、督促检查有关。教师要根据不同的课文提出不同层次的预习要求，并坚持上课前提问检查。

2. 复习的习惯

学生进行复习，可以分三种情况：第一种是先复习，后做作业；第二种是先做作业，有时间再复习；第三种是专门安排时间复习，注意整理归纳，形成知识结构。多数学生应达到第一种要求，随着学习深入，应对学生提出第二、第三种要求。教师布置作业，不仅要布置一些知识应用的作业，还应经常要求学生把学过的知识进行梳理，使其系统化、结构化。当然不同的阶段应有不同的复习要求。

3. 使用工具书的习惯

学生在阅读时，遇到不认识、不理解的字词能自己查词典解决。长期坚持，就能养成使用词典的习惯。教师要有计划地布置使用工具书的学习任务，让学生到图书馆去查找资料，独立地解决疑难问题。条件具备时，让学生到电子阅览室利用互联网检索并下载文件。

4. 勤于思考的习惯

阅读后遇到问题就要思考。在课堂教学中要给学生留足思考问题的时间、空间，教师提问的问题难易度要适中，当学生无从下手时，教师要给予启发，给出一些铺垫性的问题帮助学生思考。学生经过思考回答的答案正确与否，教师都要对其思考的习惯和过程给予赞赏、鼓励，要经常让学生对提出的问题多问几个为什么。从不同的角度来思考问题，往往会有意外的收获。

学生自主能力的培养还需要教师在课堂上营造一个自学的氛围和民主的气氛，在教学过程中要有恰当而又有深度的诱导、科学的指导和灵活的训练，它是一项长期而又艰巨的工作。只要我们坚定不移地把培养学生自主学习能力作为教育教学中一项重要的工作去抓，不仅会使学生终身受益，而且对构建和谐高效的语文课堂也是大有裨益的。

第二章

小学生语文学习兴趣及其培养策略

第一节　兴趣与学习兴趣

一、兴趣的定义与分类

心理学始终关注兴趣。有关兴趣、好奇和内在动机的理论在历史和现代研究中均受到重视。

（一）兴趣的定义

所谓兴趣，是指一个人力求认识、探究某种事物，爱好某种活动的心理倾向。这种心理倾向和注意及一定的情感有着密切的联系。

尽管存在概念上的差异，但研究者大多认同兴趣是个体自身与外界环境相互作用的结果，这些外界环境因素与特定的任务、事件、对象或活动相关。兴趣的特点归纳如下：

（1）兴趣是内容明确的一个概念，总是和特定的题目、任务或活动相关。（2）兴趣具有定向作用，能够解释为什么学生选择某个领域，并努力追求卓越，或表现出内部动机。（3）兴趣作为教育工作者主观判断的解释因素而扮演着一个重要角色。（4）兴趣包含情感和认知的成分。情感指的是参与者和对象互动的一种愉悦体验，而认知则包含对于活动价值的认可及在该领域的知识积累。其可以是持久的，也可以是短暂的；可以是一般的，也可以是具体的。（5）对象具体的兴趣较之一般的动机和动机定位更容易受到讲授的影响。

（二）兴趣的分类

情境兴趣和个人兴趣。依照不同的理论框架，兴趣有多种分类方式，较为通常的划分是情境兴趣和个人兴趣。前者是当前特定情境对个体产生的暂时的吸引力，后者则是个体相对稳定的倾向。这样的分类还提到激发的兴趣（actualized interest）的概念，指有个人兴趣的个体遇到和自己兴趣相关的活动，从而个人兴趣被激发。此时，潜伏的兴趣倾向成为兴趣的暂时状态。

情境兴趣可以是转瞬即逝的，也可以维持并发展为个人兴趣，伴随学习者与客体的不断互动及知识的增长和价值认可，从而对学习者产生长期影响；个人兴趣是相对稳定并难以失去的，但是其形成也需要一个发展的过程。其可能来自学生以前的经验，或情境兴趣，或知识积累。个人兴趣和知识似乎是密不可分的：知识的增加推动兴趣的提高，而兴趣的增长又反过来推动知训的学习。个人兴趣和情境兴趣总是相互作用的，有时候难以将两者明确区分。

除了情境兴趣和个人兴趣，一些研究者还提出主题兴趣（topic interest）的概念，所谓的主题兴趣是指人们对于特定的题目或活动感兴趣，比如对星际旅行或昆虫感兴趣等。

早期的研究者认为这种兴趣是一种情境兴趣，主题兴趣既可以是情境兴趣，也可以是由个人兴趣引发的。比如，对于某一题目，如星际旅行，人们可能希望知道得更多，或已经对其有所了解，两者都可能使人们对该题目感兴趣。

兴趣和兴趣类别（interest and interests）。兴趣是一种情感，稍纵即逝且变化多端。兴趣的功能有限，但是有助于知识和技能的发展，而形成兴趣类别。兴趣类别则是长期和稳定的，构成人们不同的内在动机。它促进人们经历和技能的发展，成为性格的一个组成部分，并成为人们个体差异的因素。这样的划分类似"状态"（state）和"特质"（trait）的区别，也大体类似情境兴趣和个人兴趣的划分。

广泛兴趣与中心兴趣。从兴趣的广度来看，又可分为广泛兴趣和中心兴趣。广泛兴趣就是对多方面的事物或活动都感兴趣。有广泛兴趣的人经常能注意到多方面的新问题，处处留心学习，因而能获得广博的知识；也能开阔眼界，使生活丰富多彩。中心兴趣是指在广泛兴趣的基础上，对某一方面的事物或活动有极浓厚而稳定的兴趣。国外有关兴趣的广度与深度的划分，其含义与此有相似性。

直接兴趣与间接兴趣。根据兴趣的倾向性，可分为直接兴趣和间接兴趣。直接兴趣是指由事物或活动过程本身引起的兴趣。如一个喜欢学习地理的学生，学起地理知识来总是那么如饥似渴、不知疲倦。间接兴趣是指对某种事物或活动本身并没有兴趣，只是对这种活动的目的或结果感兴趣。如一个学生并不喜欢学语文，但由于他认识到只有学好了语文，才能学好其他科目，这样，虽然他对语文本身没有兴趣，但还是愿意克服困难，努力学习语文。

此外，还有一些类型划分，如物质兴趣与精神兴趣。物质兴趣表现为对衣食住行等物质生活用品或精神用品的兴趣；精神兴趣是指对精神生活的兴趣，表现为对人类精神财富的渴望。

（三）兴趣的维度

情境兴趣和个人兴趣都被定义为多维度。但是具体的构成依照不同的理论，则彼此差异很大。

第一种观点认为，兴趣是一种感情，尤其是积极感情，并将兴趣的功能视作感情的作用。兴趣属于一种情感。激发兴趣的事情并不总是有价值，反过来，有价值的事情并不总是有意思。期待－价值理论则假定与成就相关的价值包含四个因素：成就价值、内部兴趣（intrinsic interest）、效用价值（utility value）和可能的代价（perceived cost）。依照该理论，兴趣和价值属于不同的效价。

第二种观点认为，兴趣包含两个维度，即情感和价值。情感维度指和活动相关的积极情绪，尤其是愉悦和参与感。价值维度指活动本身对于个人的意义。

如果个人对于某个对象只有很少的知识，很难评判其兴趣。比如，对一个玩玩具的孩子而言，其喜欢玩具是由于以前的知识。如果人们对某项活动感兴趣，他们通常会对该领域有更多的知识并认可其价值。对于较高价值，而同时又缺乏知识的活动，他们称之为吸引。有研究者不赞同其观点，他们认为兴趣可以是一种低知识的状态。

第三种的观点整合了所有三个维度，即价值、情感和知识。对于情境兴趣，可以视作一种感情，只包括很少的知识。但是对于个人兴趣，知识积累和价值认可都是不可或缺的。他们提出了三成分的理论，认为兴趣应包括积极感情、知识储存和价值认可三个方面，这些方面在兴趣的发展中扮演着互相补充和协作的角色。积极情感、知识的储备和价值储备被描述为在兴趣发展过程中的互相补充和协调。

情境兴趣也是多维的。情境兴趣是由崭新、令人惊讶或生动的环境引发的。情境兴趣通常有感情的成分，而且常常是积极的感情，但是也可能包含消极的感情，如恐惧和恶心。情境兴趣区分为两个因素，即结构的特点和内容的特点。前者是结构方面，如新鲜、惊奇、复杂和模棱两可；后者属于内容方面，包括人类活动、生活主题、强度和个性化。这些因素会自然发生在特定的环境中，或者教育者有意的组织中，如动手操作。

二、兴趣与其他概念的关系

（一）兴趣和动机

动机指启动并维持人们参与某一项活动的过程。动机的因素有自我效能感、自治、期待、价值、归因、目标和兴趣。

根据来源，人们通常将动机划分为内部动机（intrinsic motivation）和外部动机（extrinsic motivation）。内部动机意指学生参与某项活动是因为活动本身，没有明显的外部奖励与之相关。例如，有人从事体育运动不是为了竞赛，而是从运动中得到快乐；有人学习不是为了升学，而是为了探究知识的奥秘。外部动机则表示人们参与某项活动是为了活动之外的事物，比如奖赏等。根据两种归因的特点，我们可以将自我效能感、自治、期待和兴趣归于内部动机，而价值、归因和目标可能归于外部动机。掌握目标（mastery goal）、成就价值（attainment value）、内在价值（internal value）和内在归因（internal attribution）可以归于内部动机，表现目标（performance goal）、实用价值（utility value）和外部归因（external attribution）属于外部动机。

学生的动机和其学习密切联系。内部驱动的学生更可能表现出动机的特征。他们更愿意参与活动，渴望学习课堂内容，采取诸如有意义学习等有效的学习策略，而且有较好的学术成绩。内部动机和学生的学习、成绩、自信心呈正相关，和学习焦虑等呈负相关。另一方面，被外部动机驱动的学生则可能屈从于诱惑或压力，可能采纳浅层学习策略，像死记硬背、趋易避难、被动学习等。

兴趣和动机的其他维度相比，至少有三个不同。第一，兴趣包括情感和认知的成分，两者不同且互相作用。情感指在参与活动中的积极情绪，而认知成分指所观察的活动；同时，兴趣也有可能和消极情绪伴随。如对蛇感兴趣，这其中并没有积极的情感，而可能是一种负面的情绪。第二，情感和认知成分都有生物根基。兴趣在所有的哺乳动物中都有生理基础。第三，兴趣是个体和特定物体相互作用的结果。兴趣发展的潜力在于个人，但是内容和环境决定了兴趣的发展。因此，环境和个人努力可以促进兴趣的发展。兴趣并非一种在各种活动中都存在的个人特质。

兴趣是内部动机的一个重要成分。实际上，内部动机测量的一种常用方法是兴趣测量。就内部和外部动机的分类而言，兴趣属于内部动机，有些研究者甚至将兴趣等同于内部动机，但是两者是有区别的。

自我决定理论（self-determination theory）对两者做出了明确的区分。依照该理论，动机的基本维度是活动是否"自我决定"。当人们感到是自己选择时，行动会伴随意志力，并有一种自治感和愿意全身心参与，似乎活动本身是自我的一种表现。有两种"自我决定"的活动：

第一种是内部动机活动，内部驱动的行为是那些出于兴趣的自由参与的行为，奖赏在活动本身。内部动机代表一种宽泛的自我奖赏活动，基于兴趣、乐趣、沉浸、活力和满足等的需要。

第二种自我决定的活动是整合自律（integrated regulation）。在这种活动中，人们完全将一个活动的价值内化。任务可能是烦人的、沉闷的或厌恶的，但是人们依然真正想去做。整合自律是一种外部动机，人们并不是因为有趣或乐趣而去做。这个行为是自我决定的，因为人们感到这样做符合真正的自我的标准。

内部动机和整合自律是不同的，不同在于内部动机行为是出于兴趣，而整合自律是出于个人对这个活动价值的认同。

不同的过程唤起和维持内在动机。维持内在动机要求活动满足生理对于自治和胜任的需要。一些因素如新颖和复杂性引起兴趣，但是只有满足需要才可以维持内在动机。兴趣是内在动机的一个重要成分，但是内在动机还包括其他因素，如对于活动的重视和满足需要等。

（二）兴趣与情感

兴趣是一种情感或包含情感的成分，这是多数研究者的共识。情感是人类心理活动的重要组成部分，情感是个人对于客观事物的感受，具有其独特性和复杂性。因为情感与需求是否能够得到满足密切相关，因此有积极和消极之分。积极情感包括愉快、幸福、信任等个体感受，一般产生于个体需要得到满足时；而消极情感包括愤怒、仇恨、痛苦等个体感受，一般产生于当个体需要得不到满足时。积极的情感能够提升学习的热情，稳固学生的学习动机，提高学生的学习效率；消极的情感会使人产生学习的焦虑和压力，削减学生的学习动机，从而导致学习效率的降低。兴趣也属于一种积极情绪，而且属于一种较低程度的积极情感。

在心理学中，情绪和动机是两个关系非常密切的概念，人们一旦有了情绪，就有了动机。如害怕产生逃跑的动机、兴趣产生接近的动机。积极的情绪会产生一般的行动激活，即接近或趋近倾向。在积极情绪状态下，个体倾向于趋近或探索新颖事物，保持与环境之间的互动。此外，积极情绪还与特定的行动倾向相联系，如快乐产生创新的动机，兴趣产生探索和掌握的欲望，满意产生保持现有的生活环境的心态。

情绪有不同的程度，高强度的情绪往往无法持久，如愤怒、紧张、兴奋等；而低强度的情绪，如兴趣、宁静等则可历久弥新。此外，兴趣也是一种内部动机，即人们在从事活动中得到了满足，活动本身成为人们从事该项活动的推动力。例如，运动员参加体育比赛，不是为了获得奖励而是为了从运动中得到快乐；学生学习不是为了得高分，而是为了探究知识的奥秘。长期稳定兴趣的作用是巨大的，可以推动人们参与某项活动且持之以恒。

（三）兴趣和快乐

兴趣是一种积极的情感，快乐是其成分之一。日常生活中，人们也常用兴趣一词指代快乐和偏爱。但是兴趣和快乐仍有许多不同之处。主要可以归结为以下五个方面：

1. 关于兴趣和快乐的前提

兴趣和快乐有不同的前提，因为不同的情绪有不同的原因。如复杂和新奇等变量对兴趣和快乐有不同的影响，有时候甚至是对立的影响。人们常发现复杂的事情是有趣的，而简单的事情是快乐的。在一些研究中，人们排列随机生成的多边形，让被试者对其趣味性和让人感到愉快的程度加以判断。人们评价最复杂的多边形最有趣，而最简单的多边形最让人愉悦。在一个类似的实验中，人们看多边形，对其有趣和愉悦进行评估，相当多的简单多边形被认为是让人愉快的，而复杂的则被认为是更有趣的。

熟悉的事情倾向于引发愉快，而新鲜的事物则带来有趣。重复呈现一个物体增加人们对它的喜爱，需要多次重复后，物体的吸引力才会降低，人们不再喜欢它。所以虽然喜爱增加，但重复呈现会降低兴趣，重复越多，兴趣越低。

2. 兴趣和快乐的效果

一些研究操纵和兴趣与快乐相关的指令。在一个研究中，人们观看随机生成的多边形，人们可以决定他们看每个图片的时间。一些人被告知依照多边形带来的乐趣观看，一些人依照其趣味性。当依照兴趣时，人们愿意花费更多时间观看复杂的多边形。

3. 兴趣和快乐的行为测量

另一个研究团体调研行为的测量，尤其是人们选择观看什么及观看多长时间。图片的趣味性较之愉快的感受更能够预测观看的时间。比如，人们简短看了两幅图片，其中一幅被其评估为有趣，一幅为乐趣，然后让其选择一幅图片去多看一会儿，人们一般会选择相对有趣的图片而非相对快乐的图片。在另一个强制选择的实验中，人们一般会选择看有趣、复杂的模型而非引起快乐的简单的模型。

对趣味性的评估往往可以预测观看该图片的时间，然而对愉快性的评估却不能持续一致地预测注视的时间。当趣味性和乐趣同时预测注视的时间时，兴趣的作用会更强一些。

4. 兴趣和快乐的功能

依照面部表情测量将兴趣和愉快区分为两种不同的积极情感。假定兴趣推动人们从事新的和复杂的事情，久而久之，这种动力培养了知识和胜任。快乐，相对而言是一种奖励的功能——它和熟悉的事物建立联系，并奖励目标的完成。这些功能可能矛盾，尤其是人们必须在不熟悉的事情和喜欢的事情之间做出选择时。兴趣推动人们在一个喜欢的餐馆尝试新的菜品，而快乐推动人们挑选其过去喜欢的一道菜。这是一个很新颖的观点——兴趣和快乐的经验的差异和其功能是一致的，但是至今还没有对这个问题的明确的研究。

兴趣是一种希望调研，参与和从事一项活动，还有好奇或着迷，快乐与之不同。兴趣和快乐在建构创造性活动中具有互补互助的功能。

5. 神经机制的差异

对兴趣的神经机制的研究指出，感情可以在没有认知的前提下被激发。

高处跳伞者在起跳时候报告热情，跳伞后报告愉悦，但是摄像机抓取了跳伞过程中的恐惧。跳伞者没有报告恐惧，或没有意识到。这种发现也提出了一个议题，即在兴趣经历过程中，可能有其他情绪的介入。人们意识不到这种情绪，或其他情绪的可能介入为探讨兴趣过程中各种情感的角色提供了思路。神经科学的发现指出喜欢与想要的可区分性，这使得将兴趣视为感情的研究更加复杂。

(四) 兴趣与好奇心

好奇心是人们积极探究新事物的一种倾向，是人类认识世界的动力之一。科学起源于人类的好奇心，好奇心的不断产生，正是科学上不断发现和创造的动力。一个问题是，兴趣等同于好奇心吗？这个问题始终存在争议。一些研究者将两者视为同义词。

好奇心虽然是兴趣的起点，但它还不是兴趣。好奇心与兴趣的区别在于两方面：其一，好奇心比较广泛，没有明确的方向，对任何看来新奇的事物都好奇；兴趣则有明确的方向，即兴趣广泛的人，也只是对几种事物或活动感兴趣，而不是对任何事物或活动都有兴趣。其二，好奇心一般容易满足。好奇心是由对事物的某种疑问引起的，疑问一旦解除，好奇心便得到满足而消失；兴趣则不然，它不一定由疑问引起，即使有些兴趣是由疑问产生的，也不会随疑问的解除而消失，相反，会更加强烈。

人们在日常生活中也倾向于区分二者。人们多用好奇指对一个还没有发生事件的态度或还没有获得的知识；而兴趣则指对正在进行的事件或过去事件的情感。人们常说他们对看一个新电影感到"好奇"，而描述看过的电影则为"有趣的"。然而，日常语言的差异并不能解释心理上的不同。研究者需要明确两者的结构，即主观体验和动机结果的不同。迄今这方面的研究依然缺失。

（五）兴趣与爱好

爱好是人们对某种事物具有浓厚的兴趣而引发的一种积极活动的倾向和表现，它是好奇心、求知欲的进一步发展。一个人知识的增长、技能的提高及成绩的取得，都不是一蹴而就的，它们要经过长期艰苦的学习、训练及探索。而爱好恰恰具有和活动紧密相连的积极倾向性。如果对活动有了爱好，活动就变成了一种乐趣，即使活动本身的内容是艰难的或者枯燥无味的，也能自寻其乐，并自觉、主动地参与这些活动。当一个人从事自己所喜爱的职业时，其心情是愉快的、态度是积极的，而且其也很有可能在所喜欢的领域发挥最大的才能，创造最佳的成绩。

在日常生活中，人们常把兴趣和爱好等同对待。兴趣即是爱好，爱好即是兴趣。但实际上二者并非一回事，二者既有联系，又有区别。首先，二者是相互联系的，爱好是在兴趣的基础上发展起来的，爱好的事物必定是自己感兴趣的事物。比如，一个人有踢足球的爱好，这种爱好离不开其对足球运动的兴趣。爱好也是兴趣的深化，从认识论的角度看，从兴趣到形成爱好是认识上的一次飞跃，因为形成兴趣比较容易一些，但形成爱好要困难得多，它需要兴趣、知识、能力、意志力等多种因素共同发挥作用。例如，一个学生对计算机感兴趣比较容易，但要其形成对计算机的爱好要相对困难一些。其还需要具备有关的知识、灵活的思维及坚强的意志品质等。

其次，兴趣和爱好有区别，但也可以相互转化。想把兴趣转化成爱好，知识是基础，努力钻研、坚持不懈是关键。比如一个人想有弹钢琴的爱好，首先须学习有关的知识与技巧，否则，很难形成对弹钢琴的爱好。一个人的能力有大小、禀赋有高低，但只要在成才的道路上艰苦跋涉，总是有希望的。鲁迅先生说得好，像集邮这样并不复杂的兴趣爱好，如果能钻进去，坚持着，积之十年，也堪称集邮大家了。

三、兴趣，特质还是状态

（一）兴趣是心理特质

1. 状态-特质好奇理论

状态-特质好奇（state-trait curiosity）理论认为，好奇心是一种心理特质，是一个影响人们行为的稳定的心理取向。依照该理论，好奇心可以是心理特质，并区分好奇状态和好奇心理特质。高水平好奇心理特质的人更可能探索、探测，并理解环境中的新事物。好奇心理特质反映了人们对于新颖和模棱两可的刺激所产生的好奇状态的个体差异。具有高好奇心理特质的人比低好奇心理特质的人更经常和更强烈地经历好奇状态。

2. 寻求刺激

寻求刺激是一种寻求多样、新鲜、复杂和高强度刺激和经历的心理特质。为了寻求刺激，参与者不惜冒身体、社会、法律和金融的风险。现代关于寻求刺激的研究专注于探索寻求刺激的生物心理基础及其对神经病理学的影响。

寻求刺激的心理特质可以预测他们发现什么是有趣的。高刺激寻求者对新的事物和不熟悉的地方会更感兴趣，更有意思的是刺激寻求者和兴趣的表达。对艺术的偏爱研究发现，高低刺激寻求者有很大不同。比如，高刺激寻求者更喜欢复杂的多边形而非简单的多边形，更喜欢抽象的图片而非简单的图片。

3. 关于兴趣稳定性的研究

将兴趣视作心理特质的还有职业兴趣的研究者。兴趣为个体人格的表现，因此，兴趣量表即为一种人格量表，个体对职业的选择受到动机、知识、爱好和自知力等因素的支配，最主要的是一个人之所以选择某个职业领域基本上是受到其兴趣和人格的影响。

兴趣是如同心理特质一样的对于行动的偏爱。遵从职业兴趣的传统，他们仅从兴趣是一种个体心理特质的差异对其进行研究。其观点可以表述如下：兴趣被视作促进人们与环境之间和谐的相对稳定的心理倾向。在职业咨询中使用兴趣评估正是依据这一假设。当然，相对稳定并不意味着在生命周期间，兴趣从不改变，只是说个人兴趣在一定程度上的持续稳定。

（二）兴趣是心理状态

兴趣被视作环境的产物，兴趣是可以发展的。没有兴趣的发展，人类不可能完成任何伟大的成就。比如，莫扎特对于音乐的兴趣，爱因斯坦对于物理的兴趣。兴趣不是静止的，也不是特性。尽管兴趣在很好发展的情况下，有和特性相似的特征。兴趣的出现是和环境的支持和挑战相关的，没有后者，兴趣就不存在。假定充分发展的兴趣不再需要支持是错误的，那么具体的支持和兴趣发展的阶段是相关的。兴趣也不是天生的，尽管一个人可能有生物的、社会的、心理的或物理的前提以发展兴趣，但兴趣也是可以被激发的，并因为得到支持而发展。

兴趣是个体和特定物体相互作用的结果。兴趣发展的潜力在于个人，但是内容和环境决定了兴趣的发展。因此，环境和个人努力可以促进兴趣的发展。兴趣并非一种在各种活动中都存在的个人特质，而是可以改变的状态。

（三）兴趣是遗传和环境的结合

遗传素质主要指那些与生俱来的解剖、生理上的特征，如机体的构造、形态、感官和神经系统的特征等。遗传素质在兴趣的形成发展中起着一定的作用，它是个体兴趣产生的生物前提和自然条件，没有这个前提条件就谈不上兴趣的产生和发展。如果一个儿童不具备正常人的遗传素质，或者患有影响高级神经活动的遗传性疾病，那么不但智力的发展会受到严重影响，而且很难对各种学习产生兴趣，更难进行复杂的学习。

每个正常人的高级神经活动系统各有其特点，其他的生理机能也各有其特点，因此，每个人所形成的兴趣也不相同，如有的人对社会活动感兴趣，有的人对科学知识感兴趣，有的人对文娱活动感兴趣，而有的人对文学感兴趣。即便都对科学知识感兴趣，他们爱好的科目也可能不同，如有的人喜欢天文，有的人喜欢数学，有的人喜欢物理，有的人喜欢生物等，这都与人所具有的遗传素质有关。

遗传素质为儿童兴趣的形成和发展提供了可能性，但一个人的兴趣能否形成，如何发展，以及发展的程度如何，取决于后天的环境和教育。良好的环境和适时而正确的教育是兴趣形成和发展的决定性条件。许多事实表明，社会、家庭和学校的有机结合，对人的兴趣的形成和发展起着决定性的作用。

家庭是儿童生长的最初环境，有人称它是"第一所学校"，其对形成兴趣具有重要和深远的影响。在家庭环境中，父母是儿童的"第一任教师"。父母对儿童的特殊兴趣、特殊能力的形成起着非常重要的作用。父母的一言一行、一举一动，都会潜移默化地对孩子产生深刻的影响。俗话说，父母是孩子的镜子，孩子是父母的影子，即强调了家庭对儿童兴趣及能力形成的作用。许多被称为"神童"的儿童，他们的兴趣和能力之所以在早期就能得到表现，一方面是他们的先天素质为他们的优越表现提供了可能性，更重要的是他们有良好的家庭环境，对父母兴趣的耳濡目染及父母重视对他们的早期教育，这才将遗传提供的可能性变成现实性。

人们生活在各种社会环境里，其经验也会有意无意地改变其思想态度和行为。在周围环境潜移默化的影响下，人们会形成和发展自己的兴趣和爱好。一定的社会历史条件，是个人兴趣形成和发展的背景，它制约着一个人的兴趣发展的水平，也影响着人的兴趣发展的广度和深度。无论是文学、艺术、体育还是科技，都可以成为人们的兴趣所向和实践的可能。游泳馆、体操房、音乐和绘画训练馆等，为人们提供了学习与训练的机会。大众传媒如影视、书刊、网络等的发展更发挥了社会环境的积极作用，给人们提供了丰富的信息，并在很大程度上促进了儿童兴趣可能性向现实性的转变。

总之，兴趣既非完全受先天因素影响的结果，也非完全受后天因素影响的结果，而是先天因素与后天因素相互作用的结果。

四、兴趣作用概论

兴趣的作用是巨大的，任何一项精湛技艺的获得，或突出成就的取得都与参与者的兴趣息息相关。兴趣使人对有兴趣的事物给予优先注意，积极地探索，并且带有情绪色彩和向往心情。

（一）兴趣的动力和定向作用

1. 动力作用

兴趣在活动中最突出的功能是动力作用。它可以唤起人们的注意机制，推动人们探索、认识和掌握知识。稳定兴趣的形成是学生选择终身职业的内驱力。在社会上获得重要成就，往往依靠个人某方面的浓厚兴趣。学习兴趣是学习动机中的一个重要成分，学习兴趣是人的认识需要的情绪表现，是积极探究某种事物的认识倾向，也称为求知欲。培养学生勇于探索的科学精神需要激发他们的好奇心和想象力。

2. 定向作用

任何活动的开展，都是从一定的动机出发，并指向一定的目标。只有学生对所学课程感兴趣并感到愉快时，他们才能把所有的心理活动指向学习，使智力潜能处于最活跃的状态，才能使学习兴趣成为推动学习的强大动力。

兴趣对于专业和职业的定向作用很早就受到关注。兴趣测量被称为职业咨询过程不可或缺的成分。每年都有数以百万计的兴趣测量帮助人们选择其教育和职业。生涯规划也强调对自我能力、兴趣、价值和环境等的探索。兴趣是职业选择中重要的因素，会影响职业选择和职业定向。兴趣往往是个人某种能力的暗示。兴趣与能力的协调可以增强职业生涯适应性。

（二）兴趣与注意

注意是心灵的门户，意识中的一切都是通过它而来的。注意和兴趣密不可分，注意是兴趣的一种表现形式。兴趣以注意为表现，因此，人们常用注意来衡量一个人对事物感兴趣的程度。注意则以兴趣为条件，人们对不感兴趣的事物或活动，往往不能引起注意。一个人对某事物或活动有兴趣，其才会有意识去注意该事物或活动，甚至集中自己的全部精力去学习研究，直至做出成绩。心流体验即是一种兴趣的高级忘我状态。

兴趣能深化观察。当一个人对某事物产生兴趣后，在浓厚兴趣的推动下，其对它进行更全面、更深入、更细致的观察，从而获得对该事物更深刻、更准确的认识。

（三）兴趣与记忆和思维

1. 兴趣与记忆

一般来说，在其他条件相同的情况下，凡是能引起人们兴趣的事物，就容易被记住，并且也记得牢些；反之，凡是我们不感兴趣的事物，记得慢，也不易把它保持在记忆中。这是因为兴趣能使人们的注意集中到所要记忆的对象上去，也能使人们对所要记忆的对象进行积极的思考。而集中注意和积极思维，乃是提高记忆效果的两个必不可少的条件。此外，兴趣能使人精力充沛，不知疲劳，这也有利于加强记忆。

2. 兴趣与思维

兴趣也可以促进思维，当人对某事物或活动产生兴趣，往往关注该事物，促使人们去发现问题、提出问题。在关于兴趣对阅读的影响中，许多研究指出，兴趣促进基于文本的学习，浓厚的兴趣有时甚至会达到如痴如醉的境界，促使人进行创造性思维。兴趣是学生创新能力发展的巨大推动力。有兴趣的学习能使人全神贯注、积极思考，甚至达到废寝忘食的地步。兴趣是强有力的。兴趣的激发推动有创造力的参与和最佳动机的潜能。创造性思维与兴趣和动机之间显著相关。兴趣和动机水平较高的学生创造性思维得分显著高于兴趣和动机水平较低的学生。

（四）兴趣与自律和意志

1. 兴趣和自律

有研究指出，如果孩子们对参与的任务感兴趣，就会有更多的自律。

对玩玩具的孩子而言，只有在对玩具感兴趣时，才会持之以恒，并专心致志。五年级的孩子可以有意提高写作的挑战性而使写作变得更有趣。兴趣与发展和自律是相伴的。

自律的过程分为三个阶段：前思考、表演和自省。前思考阶段指动机理念，包括自我效能感、结果期待、目标定位和兴趣。如果有兴趣，则会看重所从事的活动本身，并更乐意计划和应用学习策略。

2. 兴趣与意志

兴趣总是指向某种具体的事物，要认识某种事物，兴趣会推动人把所有的心理活动指向该事物或活动。当一个人对某物感兴趣时，便会产生惊人的意志和勇气，集中自己的全部精力，进行学习与研究，甚至废寝忘食，直到问题解决。这一过程，也锻炼了人的意志力。因此，许多对社会做出重大贡献的人，不但有浓厚的兴趣，也有顽强的意志品质。

五、学习兴趣的作用

学生在某一领域的兴趣不仅能够改善其对某一学科的学习过程，也能改善学习结果，引发在质与量上更为优越的学习。兴趣作为自变量的研究多依赖于分析兴趣和学习结果之间关系的模型和过程，其中涉及个人兴趣和学习，以及情境兴趣和学习。

兴趣对学习的结果有积极影响，人们依然对其作用机制知之甚少。目前，只有几个关于兴趣和成绩间的中介因素得到检验。主要有注意、持之以恒、专注、情感和学习策略。这些概念中存在交叉现象，比如注意和专注概念上比较接近，而持之以恒与学习策略之间则联系密切。对于兴趣的作用机制，目前研究尚少。主要探讨的变量有注意、学习策略和持久性等，但是研究结果存在争议。

（一）兴趣与注意

早期的理论家即注意到了兴趣和注意的关系，因此，可以说二者是"堂兄弟"。人们有一种直觉，如果对某种感兴趣的事情有更多的注意，则能够学得更好。但是，实证研究没有支持这样的直觉：注意力在兴趣和学习间不扮演中介角色。兴趣可以改善回忆，兴趣也可以显著提高注意力，但是注意并不干涉兴趣对记忆的作用过程。增强的注意和记忆是兴趣的两个独立的效应。

一个反直觉的观点是兴趣减少了注意。兴趣使得注意自然分配。这样，解放了脑力资源，使其可以对文本做更灵活和迅速的处理。相较于趣味性差的材料，学生阅读趣味性高的材料时，只需要较少的注意投入即可，而且对材料的理解质量也有差异。研究者认为，对于不怎么有趣的文章，读者被迫使用（脑力）资源去保持试图理解的注意力。这种观点表明了一种有意思的观点：兴趣导致注意的减少。

（二）兴趣与处理水平

文字的处理水平可以分为三个层次：（1）字面的水平，读者从表面上理解文章；（2）主题的水平，读者从文章具体的微观的或整体的层面来对主题展开理解；（3）环境的水平，这是最深层次的理解，读者考虑到文章的环境和推论的信息。环境模型考虑到文字之外的信息，包括和自己的经历、背景知识的联系。让教育工作者不解的是，读者尽管可以在深层次上处理文字，但是常常不这样做。许多读者并不寻求理解文章的意思或环境因素，而是致力于死记硬背。这样，对文章就只有低层次的认知。对文章表面化的理解会导致对其主要的观点缺乏组织，无法将文章的意思和读者的经历相联系。

（三）兴趣和学习策略

学习策略在兴趣的作用过程中也扮演着中介角色。兴趣影响人们选择学什么和花多少时间学习。当面临很多任务，而时间又少时，这是学生常见的一个问题，学生需要将其时间做计划分配。

学生在学期中的兴趣可以预测其学习时间和学习策略。和实验室的研究结果一致，有兴趣的学生采用更多深层的学习策略。他们更可能对材料做批判性的学习，更可能将材料和背景知识相联系。兴趣与表层策略如死记硬背等不相关。相反，外部动机可以预测死记硬背的学习方法。对小学生而言，只有浅层学习策略是有意义的中介变量，而深层学习策略则没有这样的作用。

六、学习兴趣的内涵及价值

要想探究小学生语文学习兴趣培养的实践策略，首先，要对"兴趣"这一概念有一个系统的认识，包括兴趣的特征、分类及兴趣作用于学习的机制，基于这些理论基石才能使有关兴趣培养的实践探究有理可依、有迹可寻，从而避免实践研究的经验化、碎片化倾向；其次，要明确语文学习兴趣的价值，包括对个人语文素养形成及一生发展的意义，才能从观念上重视"兴趣"，才能在小学语文教学实践中时刻把学生学习兴趣的培养放在重要位置，从而更好地开展利于培养学习兴趣的语文教学活动。

（一）兴趣的内涵

1. 兴趣的内涵

关于兴趣的定义，可以说众说纷纭、莫衷一是，因为不论在日常生活还是学术研究领域、无论是理论研究还是实践研究方面，"兴趣"这一概念都在被广泛使用。

从日常生活的使用情况来看，"兴趣"一词的使用是非常广泛的，如我们常说小孩子对听故事感兴趣，有的人对养花感兴趣，有的人对投资感兴趣等。很多词语都是兴趣的替身，如"喜爱""热衷"及"旨趣"等。可以说，我们日常生活中所说的兴趣，主要表示主体对某种行为活动具有愿意积极投入其中的兴致，它可能是长久的，也可能是短暂的，不具备稳定性。

兴趣表现为个体对某事物、某项活动的选择性态度和积极的情绪反应。其产生基础是个体的需要，是一种带情绪色彩的表现，在实践中形成，是客体特征与个体特点相结合的产物。兴趣的内容随社会发展、个体生活领域、年龄的增长而发生变化，但也有一定的稳定性。从这里可以看出，兴趣是一种积极的心理倾向，且其产生是基于内在需求，而非外在条件。

兴趣是个体自发形成的，力求认识、探究某种事物或从事某项活动的一种带有选择性态度和积极情绪反应的心理倾向。

2. 兴趣与相关概念的关系

兴趣本身是一个很复杂的概念，含义又十分丰富；与很多心理现象相联系，但又不能简单地等同于其他心理现象。可以说，有多少场合使用兴趣这一概念，便有多少种不同的含义，在很多场合都只反映了兴趣这一复杂概念的某一个侧面，往往是对兴趣这一概念的窄化，是对兴趣这个词的合理意义加以狭义使用。在窄化的同时，又模糊了兴趣与其构成成分之间的界限，在此，我们对与兴趣联系紧密的三个心理概念进行辨析。

（1）兴趣与动机

动机是指发动和维持某种行为活动，以达到一定目标的一种心理倾向或者说"中介变量"。学习动机是指激发和维持学生的学习活动，并使学生朝向一定学习目标的一种心理因素。很多心理学家都认为，兴趣是一种重要的学习动机，尽管动机与兴趣之间确实有很多相通之处，但是，兴趣与动机也有很多区别。

首先，从内部构成来看，学习动机由以下三方面构成：认知内驱力，即学习者认知、理解和掌握知识及运用知识解决问题的欲望，是一种内部动机；自我提高内驱力，指个体通过自身努力取得一定成就从而维护自尊心或赢得相应地位的需要，是一种外部动机；附属内驱力，也叫亲和内驱力，指的是人们为了获得长者或者权威的赞许或认可，而好好学习取得理想成绩的一种需要，为外部动机。可以看出，学习兴趣可以作为一种认知内驱力去激发学习动机，即兴趣是内部动机的一种。

其次，从动机与兴趣产生与存在的时间来看。由认知内驱力促成的内部动机，能够长久地激励学生有意义学习；而由外部诱因所引起的动机，一旦外在诱因消失或者目的达到，则动机很可能短暂时间内立即下降，故而外在动机具有不稳定性。相比较而言，兴趣是个体内在、自发形成的，一旦产生短时间内不会发生较大的改变，因而具有相对稳定性。所以二者的稳定性存在差异。

最后，动机与兴趣的作用效果不尽相同。有充分的证据表明，各种类型的创造和对于复杂事物的深度理解，往往都需要积极的情感状态也就是需要基于兴趣去进行。对特定的学科领域来说，兴趣与学习质量的相关度要高于成就动机和能力与课堂学习质量的相关程度。强烈的兴趣总能使个体的激活水平处于最佳状态。通常情况下，兴趣越高，人们的思维越活跃，行为也越有成效。而我们都知道，动机并不是越高越好。

动机与兴趣的关系给我们的启发有很多。一方面，我们不能忽略认知内驱力，要突出内部动机在学习活动中的首要地位，关注并调动学生对知识的兴趣，使学生具备内部动机，他才能够积极主动、富有创造性地去学习这门学科、投入相应的学习活动中；另一方面，我们也不能否认外部动机，不能把人们对行为对象，对结果的兴趣完全排除在学习兴趣之外。如果不考虑学生的现有状况，不关心他们的匮乏性需要、经验兴趣和感性爱好，而要求所有的学生都能自发地对学习活动和知识本身感兴趣，这也是不现实的。即便是很高深的科学研究，也不排除外部动机的作用。

（2）兴趣与需要

兴趣与需要也是容易产生混淆的一对概念。通常认为兴趣回答的是喜欢与否的问题，而我们如果需要某样东西，一般来说都会喜欢；如果不需要，则不喜欢的可能性比较大。兴趣是在需要的基础上产生的。从这个角度来说，只有当人们对某事物产生了需要，才有可能对这些事物产生兴趣。从这一点来说，兴趣的对象也就是需要的对象。但是，一般来说，需要常和缺乏、危险联系在一起，是要解决的问题，而兴趣更多地与自我选择有关。其实，兴趣是需要的延伸也值得推敲，很多时候也并不是真正需要了才会产生兴趣。很多人并不需要太多的糖分，但他还是对糖感兴趣。

对美好事物的实际乐趣，即对由理性原则决定的行为的乐趣，是一种纯粹的兴趣，受纯粹兴趣支配的人们感兴趣的是行为，一个学生对学习活动本身的兴趣便属此列。他认为对行为对象的兴趣是一种病态的兴趣，是因为缺失这一对象从而产生需要，建立在这种需要之上的兴趣，便是一种经验的兴趣。此时，人们感兴趣的是行为的对象而不是行为本身，如一个学生感兴趣的可能并不是学习活动本身，而是通过学习所获得的分数和因此而得到的奖励。这种经验的兴趣从约翰·杜威（John Dewey）的理论来看就是一种不纯的兴趣，来源于对外界客体的过分依赖。

经验兴趣的产生是以需求为前提的，因为有获得期望中的奖赏这一需要在起作用，才会产生学习的兴趣。而纯粹兴趣并不依赖这种需求，即便没有奖赏，一个对学习活动本身感兴趣的学生，也会在学习中表现出强烈的兴趣，这种兴趣会唤起他强烈的学习需求。在第一种情况下，需要得到满足之后，这种兴趣极可能随之消失，因而难以持久；而在第二种情况下，兴趣来源于理性原则，纯粹兴趣不会随着愿望的实现而减弱，而是激发新的需求并加强兴趣的强度，这种兴趣更能持久。

（3）兴趣与努力

兴趣与努力可以称得上是一对一直颇受关注的问题，人们对二者关系的认识随着时代发展的变化也有所变化。在中国传统教学思想中，重视个人努力而轻视学生兴趣的厚此薄彼现象似乎较为严重，很多人认为学习本身是一件苦差事，努力地刻苦钻研是天经地义的。因此，学生是否对知识感兴趣，什么样的教学方式能够调动学生的兴趣等，都不是教师需要考虑的问题。

兴趣是努力极为重要的动力和基础，而努力是兴趣的一种外在行为表现；兴趣学习应与刻苦努力相结合，才能发挥出兴趣的意义，而努力与兴趣"搭伙"，才能更有效果。我国教育学者郭戈就二者的关系该如何运用在教学中做了恰当的说明，在教学中正确的做法是：不要只做有兴趣的事，而要有兴趣地做必须做的事。

（二）兴趣的特征及分类

1. 兴趣的特征

作为一种积极的心理倾向，兴趣具有如下特征。

（1）指向性

兴趣的特点之一是指向性，或者说对应性，这是由兴趣的内涵决定的。兴趣是"客体特征与个体特点相结合的产物"，寓于主体从事客体活动的状态之中，只有当活动主体的个性特点与活动对象的特征存在某种层面的统一、和谐的状态时，兴趣才有存在的依托。本书中兴趣的定义也指出，兴趣一定是基于主体"认识、探究某种事物或从事某项活动"，它由主体指向特定的、具体的客体事物或者活动，事物或活动是兴趣存在的必要条件。如画家对作画感兴趣，音乐家对谱曲感兴趣，有的孩子对游泳感兴趣，而有的孩子对跳舞感兴趣……都是具有主客体的对应性。如果将兴趣所聚的对象除去，兴趣本身就会消失而回到空洞的感情中去，这里的客体对象可以是一个实在的物体、一种观念、一个人或者一种活动等。简单来讲，兴趣总是存在于主体和客体的对应关系中，主体的兴趣一定指向某种客体。

（2）自发性

兴趣的特点之二是自发性，或者说内在性，这是由兴趣产生的条件来说的。儿童内在的、自发的冲动是兴趣产生和发展的基础。也就是说，兴趣的形成是基于主体自身主动的、积极的心理倾向，是基于天性的、自主自由的选择，强迫和压力都不能促成兴趣的产生。家长可以通过制定时间表规定孩子的阅读时间，严格要求孩子写字的时候坐姿端正、字要横平竖直，却不能保证孩子就能因此对阅读和写字感兴趣。这启发我们，要激发或者提升兴趣，应该从关注兴趣主体入手，而不是制定高目标或者提出高要求。在教学中，教师应更多地结合孩子的个性特点、身心发展阶段来采取能够激发兴趣的策略，而不是仅仅着眼于教学方法或教学目标，而忽略了兴趣的主体。

（3）相对稳定性和发展性

兴趣的特点之三是相对稳定性和发展性，这是从兴趣产生之后的发展状态来说的。兴趣和好奇不同，好奇是暂时、偶然产生的一种即时的心理状态，而兴趣则具有相对稳定性。如语文课上学生可能对教师出示汉字的演变视频感到新奇，被牢牢吸引，但这并不表示学生就立刻具有了学习汉字的兴趣，识字与写字兴趣的培养需要一个相对漫长的过程。此外某种兴趣一旦产生，短时间内不会消失。兴趣的发展性是从兴趣的类型来说的，主要是指不同类型的兴趣之间的相互转化，如间接兴趣转化为直接兴趣，情境兴趣发展为个人兴趣等，这一点在下文兴趣的分类中再做详尽的解释。

（4）潜在性

兴趣的最后一大特点是潜在性，这是从兴趣在个体一生中对其身心发展的影响来说的。兴趣的潜在性又体现为两方面：首先，兴趣对个人行为表现的影响是潜在的，是作为一种内在动力影响着个人的行为活动；其次，兴趣对人一生成长的影响具有一定的"潜伏期"，个人兴趣会"蛰伏"等待合适的刺激或者情境去唤醒。生活中有的人小时候对画画感兴趣，由于学业任务的繁忙或者物质基础的欠缺而将喜爱的这一活动暂时放下来，但是若干年后一旦有了自由选择的机会便会马上拿起画笔去继续儿时的梦。有的人甚至退休后还会"捡起"幼时的兴趣点，这就是因为天然存在的兴趣会一直"潜伏"于个体本能中，无关乎岁月的逝去。

2. 对兴趣的分类

（1）个人兴趣

个人兴趣也叫个体兴趣，主要是指以个体已经存在的知识、经验和情感为基础，针对特定主题，对那些与个人价值一致的文本产生的兴趣。个体兴趣又被称为个人兴趣或主题兴趣。个体兴趣又被进一步划分为潜在的与现实的兴趣。

潜在兴趣指的是个体对某类对象、活动或知识领域一种长时间的、内在的个性倾向。潜在兴趣又被划分为与情感相联系的和与价值相联系的兴趣。与情感相联系的兴趣是指个体在进行某一主题的活动时，由其体验到的积极情感或情绪为基础所产生的兴趣；与价值相联系的兴趣是指因个体认识到某项活动具有重要的个人意义而产生的兴趣，这种个人意义可以体现在：有利于个体的成长和发展、能提高个体的竞争力等。也就是说，即使有些主题的活动比较乏味单调，不能产生愉快的情绪，但若个体认识到这类活动具有较高的价值，也会通过自我调控来提高兴趣。

由此可以看出，兴趣不仅是基于情感而形成，很多时候是理智和认知领域的，不仅是一种简单的动机倾向，而且是一种意志努力。

现实兴趣指的是个体在学习某一主题或从事某一活动时体验到的兴趣状态，是一种对特定领域或特定活动的情感状态。如果把潜在的兴趣看作是指引个体从事认知活动的一种倾向状态的话，那么现实的兴趣是一种与特定的主题相关的动机状态，它决定了个体从事某项活动的参与程度。现实个体兴趣对学习具有重要意义，当个体的现实个体兴趣高时，会表现出掌握目标定向的特征，此时个体会主动寻求具有挑战性的任务，面对失败和挫折时能继续努力；而那些现实个体兴趣低的个体则表现出成绩目标定向的特征，他们避免高难度的挑战性工作，倾向于逃避困难，并且面对失败会高度焦虑。

（2）情境兴趣

情境兴趣是指由环境因素引发的、在特定情境中产生的即时的兴趣。研究者将情境兴趣进一步区分为基于文本（text-based）、基于任务（task-based）和基于知识（knowledge-based）的兴趣。

基于文本的兴趣来源于将要学习的信息（文本）的性质，如文本的未知性、连贯性、完整性、生动性和易理解性，还有悬念、形象化描述等诸多因素。当前，被研究最多的三种要素是：文本的诱惑性、文本的鲜明性及文本的连贯性。具体而言，诱惑性是指那些具有争议的或者敏感的话题内容的文本，并不是文章的重要部分，有可能只是一些诱惑性细节。

基于任务的兴趣是指通过调整对读者任务的指令编码或者学习目标而影响的兴趣。研究发现，兴趣会随着人们对任务的认知变化和适应程度而发生改变，因而通过调整任务操作可以调整兴趣的存在状态。在基于任务的兴趣中，人们又把通过改变学习者目标、学习指令、学习策略来提高学习者兴趣的方法称为任务编码的操作，而把对文本加以甄选或者对文本特定部分加以强调或改编的方法称为改变文本的操作方法。

基于知识经验的兴趣指的是个体相关的现有知识或者生活经验对个人兴趣的影响。例如，学生在阅读时如果缺少一定的背景知识，则读不明白的可能性更大，觉得文章无趣的可能性也更大；而学生如果对课文内容有相近的生活体验，则学起该篇课文会更加投入。

值得注意的是，由于个人兴趣是一种相对稳定的心理倾向，因而短时间内不会改变，所以学校教育的发挥空间在于对情境兴趣的操作上。情境兴趣的三个方面也非常贴合语文的学习内容，因而作为本书的重要理论依据。另外，基于文本、基于任务和基于知识的兴趣，三者之间是彼此联系、相互作用的。例如，如若学生具有足够的背景知识，有了进一步深入探究的自我意识和强烈愿望，则这种基于知识的兴趣很可能补偿基于文本和基于任务的兴趣之不足，而当教师通过调整教学策略调动学生注意力时，此时基于任务的兴趣也能弥补基于文本兴趣的贫乏。

（三）学习兴趣及其发挥作用的机制

1. 学习兴趣的含义及内容

基于前文关于"兴趣"含义的详细讨论，这里将学生的"学习兴趣"定义为：学习兴趣是指学生在学习活动中，通过与教学情境相互作用而产生的，对于学习活动、学习内容和学习结果的内在、积极的心理倾向。需要指出的是，这里的学习主要指学校教育范围内的学习，而非广义的学习。兴趣是活动主体与客体对象互动而产生的，任何兴趣总是针对特定的对象，同样，学生的学习兴趣也离不开特定的客体对象，学习兴趣主要指向学习活动本身、学习内容及学习结果。

（1）学生对学习活动的兴趣

学生对学习活动本身的兴趣包含了对特定学习方式、学习风格的兴趣，以及对整个学习活动的兴趣。前者是指学生喜欢某种特定类型的学习方式或学习风格，例如，有的学生喜欢接受式的学习，如阅读、听讲；有的同学则更倾向于表达式的学习，如讨论、表演；还有的对合作学习比较热衷，有的又爱独自学习；有的善于动手，有的长于思考……这种兴趣往往会使一个人乐于从事某项活动而不要付出太多的意志努力，也没有什么特别的目的和意图。第二类学生对整个学习活动的兴趣是指学生对整个学习活动本身的偏爱，有些学生很喜欢学习，只要能让他或她学，就很满足了，比如我们所称的"学霸"。

（2）学生对学习内容的兴趣

学生对学习内容的兴趣可分为对特定内容的兴趣和对一般内容的兴趣。其中，学生对特定内容的兴趣指学生对特定专业、学科的兴趣，对特定学习内容的兴趣，主要表现为：学生能以积极的心理状态和行为表现投入某些特定知识或技能的学习之中，并能伴随学习过程产生积极、愉快的情感体验。此时，兴趣的对象是特定学习内容，受这种兴趣支配的学生对教学内容有明显的偏好，对一些内容感兴趣而对另一些内容则没有兴趣。如有的学生对语文、历史等文科科目感兴趣，有的学生对物理、化学理科科目感兴趣；同样针对语文科目的学习，有的学生对识字、写字感兴趣，有的则对阅读活动感兴趣。学生对一般内容的兴趣则指学生对所有知识的好奇心和求知欲，并不局限于特定的学习内容，当然在普遍的求知欲下，也有对特定知识的偏爱，但是存在那种对所有知识都充满兴趣的学生，他们可能干一行爱一行，学一科就喜欢一科，这种情况在小学阶段的学习过程中很普遍，因为小学阶段的学习趣味性、丰富性比较强，难度也比较低。当然，特定学习内容与一般内容之间并没有截然的界限，在一种标准看来是特定内容，在另一种标准看来则可能是一般内容。

（3）学生对学习结果的兴趣

学生对学习结果的兴趣是指学生在整个学习过程中具有明确的学习目的，对通过学习要达到何种学习效果、实现怎样的学习目标的兴趣。如，最直接的有自己的能力和知识水平要达到何种程度，更具体的结果要得多少分等，这些都是对学习结果的兴趣的体现。学生如若对学习结果有兴趣，往往能不断克服在学习过程中遇到的各种困难，因而对学习结果的兴趣往往能够增强学生的学习的意志力。很多时候，预期的结果并不一定能真正实现，随着梦想的破灭，学习者精神上会受到很大打击，并调整自己的目标，兴趣也随之发生变化。如果结果出现了，人们的愿望得到满足，那么兴趣也便得到加强，在此基础上又规划新的蓝图、产生新的兴趣、追求新的梦想。

2. 兴趣影响学习的机制

关于兴趣影响学习的机制目前尚未获得一致的研究结论，本书这里主要结合已有研究和实践经验来尝试做一些条理化的分析。兴趣主要通过以下五个方面来从不同角度对学习产生影响。

（1）兴趣调动学生学习的主体性

对学习感兴趣的学生在学习过程中主体性更强，人之存在的主体性就是人作为主体在与客体的关系中所显示出来的自觉能动性，具体表现为人的自主性、自为性、选择性、创造性等，对学习感兴趣的学生往往学习的主动性更强，不需要外力监督，能够自主选择、利用有效的学习资源，也更容易在学习过程中发挥其创造性。兴趣调动学生支配自己学习行为的主动意识，当学生具备这种主动意识时，不需要过多外在的鼓励或者奖励，学生就能以积极饱满的状态投入学习活动中。

（2）兴趣影响学习策略的选择

兴趣能够影响学习方式和学习策略，对学习者加工信息的方法具有重要影响，能激励学习者在学习过程中选择适合学习内容的策略。研究者对此已经达成共识，兴趣可能激发阅读者超越文本的表面结构，而集中在主题思想和基本意义的理解上，也就是说兴趣有助于学习者对文本内容的深度理解。阅读前有高兴趣的个体在回忆测验上表现更好，能够建构出更精细化的情境模式，如对文章中提到的人物、事件及心理表征等，这也说明兴趣能够促使学习者对文章进行更加精细化、深层次的加工，促使学生不只是满足于了解文章的表面含义和结构，而会积极探寻深层含义，并将注意力集中于主要观点而不是表面文字内容。也就是说，兴趣调动学习者对精加工策略和信息搜寻策略的运用，深层加工策略的运用使得学习者更少地依赖复述策略，进行简单枯燥又耗费时间的背诵记忆。

（3）兴趣影响信息加工的速度

兴趣加工理论者认为，学习实质上是由习得和使用信息构成的，兴趣能够促使学习者更积极地把知识进行意义组块，从而减少机械学习，影响信息加工的速度。兴趣与学习效率之间存在一定的正相关关系，学生对学习有没有兴趣、兴趣的高低，都会通过影响信息加工的速度进而影响学习效率。兴趣的强度必然与单位时间内获取信息的多少呈正相关。通常情况下，学生对学习的兴趣越低，其内心参与学习活动的积极倾向就不明显或者比较少，学习主动性未能被充分调动，加工信息的敏捷性也就不高；而学习兴趣浓厚的学生，则会以更加投入的状态进入学习活动，受干扰因素的影响就比较少，单位时间内会获取更多的信息。

（4）兴趣调动学生努力学习的意志

所谓冰冻三尺，非一日之寒，学习也是一个漫长的旅程，依靠外在压力投入学习活动的学生往往对学习只能是"三分钟热度"。兴趣催生学习者的内部动机，通常对于自己感兴趣的内容，学生学习起来往往动力十足，也能树立勇于攀登的决心，具备克服困难的勇气和毅力。从成就动机理论来讲，具备学习兴趣的学习者其趋向成功的倾向更为明显，在学习中能够力求克服障碍，施展才华，意志力较强，甚至饭疏食饮水，曲肱而枕之，遇到困难能够百折不挠。爱迪生曾经因为对自己研究的问题产生了强烈的兴趣，把自己封闭起来与世隔绝了几十小时甚至数天，杜绝一切交际，他正是以如此浓烈的兴趣去追求自己的理想，才会忽略掉研究过程中的困难。很显然，一个对研究没有兴趣的人也不会有如此意志，对研究投入到这种程度。概言之，在学习过程中，兴趣通过调动学生努力学习的意志，去维持学生积极投入学习活动的状态，从而取得丰硕的学习成果。

（5）学习兴趣提高学习质量

兴趣可以通过作用于学习策略从而帮助学生深入牢固地掌握知识。有研究表明，兴趣与深度理解呈高度正相关，兴趣能使学生更好地回忆主要观点，并能使学生的认知结构变得更合理，达到更高的水平。

第二节　小学生语文学习兴趣培养的意义

一、利于学生语文素养的形成和发展

对母语的学习是其他所有学科学习的基础，因为诸如文字理解力、语言表达力等对各种科目、各种类型的学习活动都有促进意义，加之小学语文又是母语这一基础中的基础，因此，培养小学生语文学习兴趣在语文学习，乃至整个学校教育，甚至个人一生发展中都有举足轻重的地位。在终身学习的时代背景下，小学生语文学习兴趣的培养更是对其整个人生阶段的自主学习，以及新时代下文化理解和传承都有着不容忽视的意义。

语文素养是语文知识、语文能力、学习态度、学习情感等在语言活动中的综合反映，可以表现为学生对语文学习的兴趣、习惯、策略及语言知识积累与运用的能力。由此可见，提升"学生对语文学习的兴趣"是提升语文素养的题中之义。语文素养是学生学好其他课程的基础，也是学生全面发展和终身发展的基础。语文素养的形成和发展不仅对语文学习有重要意义，而且也能为学生形成正确的世界观、人生观、价值观，形成良好个性和健全人格打下基础，为学生的全面发展和终身发展打下基础。关于语文素养所包含的内容，也有专家认为，语文素养包括以下几个主要方面：阅读理解力、语言表达力、文化敏感性，以及想象力的保护和培养。可见，语文素养是一种综合能力的体现。

通过以上对语文素养的认识不难发现，语文素养的形成和发展不同于单纯语文知识的获取，知识可以用传递—接受甚至灌输—记忆的方式进行教学，但语文素养所囊括的内容，尤其是"学习态度、学习情感"，决定了其形成和发展必须是一个积极的、主动的能动活动的过程，只有在积极的"心理倾向"即兴趣盎然的学习活动过程中，才能养成积极的"学习态度"，具备良好的"学习情感"。可以说，离开语文学习兴趣去谈语文素养的形成和发展无异于建造空中楼阁，是徒劳枉然之功。

语文素养表现在语文学习的习惯、策略中，小学语文尤其是小学低段的语文学习，更是以培养良好的学习习惯（如有感情地朗诵、认真书写等）和初步掌握一定的学习方法（如画关键句、找关键词）为目标。兴趣影响学习的机制就在于兴趣能够影响学习策略的选择，故而，小学生语文学习兴趣的培养对其积极选择恰当的学习策略即学习方法，自觉养成良好的学习习惯具有奠基性作用。

此外，从长远来看，语文素养的形成不是一朝一夕之功，学生语文知识的积累，语言能力的提升，是一个持久的、循序渐进的过程，这必然离不开一定的意志力。而兴趣影响学习的机制的另一表现就在于调动学生的学习意志。小学生注意力持续时间短、好动、贪玩等特性，决定了小学生学习意志相对成人较薄弱，所以，小学生的语文学习不能以枯燥单调的教学方法来引导，而应采取能够充分调动学生学习兴趣的教学策略，这也就是小学低段教师会更频繁地采用及时表扬、物质奖励等课堂教学策略来调动小学生学习兴趣的原因。只有将培养小学生语文学习兴趣作为目的，才能使学生长久地以积极的态度投入语文学习活动中，从而实现语文素养的形成和发展。可以说，兴趣既是提升语文素养的手段，也是提升语文素养的目的。只有以培养学生对语文学习的兴趣为教育目的，学生才会将语文知识的学习过程内化为语言能力的提升过程。

二、利于促进终身受益的阅读兴趣

重视和培养学生的学习兴趣，在诸多学习兴趣之中，阅读兴趣的培养则被摆在首要位置。阅读应成为吸引学生爱好的最重要的发源地……不管你教的是哪一门学科，你都应使书籍成为学生的第一爱好……这种爱好应当终生保持下去。阅读不仅应该成为学生的第一爱好，而且应该成为一种终生爱好。

对儿童来说，小学语文课堂是一把开启语言文字魅力之门的钥匙，而小学生语文学习兴趣的培养过程实际上正是铸造这把"钥匙"的过程。以小学低段课文为例，较多富有形象比喻、拟人化的文本，使得课文内容富有童心、童趣，而一些文本中对偶、叠词的使用，又使这些文本读起来朗朗上口，节奏感十足。

可以说，小学语文课堂就是培养学生阅读兴趣的发源地。这种兴趣的形成能够引导学生跳出教科书的条条框框，在无尽的阅读天地里建立广阔的课外知识体系，从而使小学生初步形成阅读的习惯，感受阅读的魅力，唤起阅读的美妙感受，同时也使他们为今后课堂知识的学习建立一个更为完善坚实的背景依存。通过阅读而做好准备的注意力，是减轻学生脑力劳动的最主要的条件之一。因此，苏霍姆林斯基（Suhomlinski）常常劝告学生要坚持读课外书，建立学习的"智力背景"，使孩子们的学习有一个巩固的"大后方"，这种"大后方"越广阔，学生的学习兴趣也会愈加浓厚。学习兴趣的培养和阅读兴趣的提升由此形成一种良性循环。

阅读兴趣的提升不仅对学生时代的学习来说是必要的，对个人一生的发展来说也是值得重视的。小学阶段阅读兴趣的培养能使孩子及早体会书中看世界、汲取营养的乐趣，从而更容易形成独立、完善的人格体系，增强对消极诱惑的抗干扰能力，进而预防可能产生的青少年问题。苏霍姆林斯基曾经在学校工作了 32 年之后得出这样的结论，他认为要想避免青少年时期"精神生活的狭窄和内心的空虚"，培养年轻人的理智和情感，一个重要的条件就是要使一个人在上小学和中学的时候酷爱读书，并且学会在阅读过程中认识自己。"终身学习"时代的到来对人的生存和发展提出了新的能力要求，学习不再仅仅是学生时代的事情，学会学习是一生的必修课。毋庸置疑，阅读是人类学习极为重要的一个渠道，因此，学会阅读不仅是学生获得知识的主要途径，也是现代文明社会中生存和成长的重要技能。在当今信息化社会里，学习的资源和渠道都大大丰富，很多内容的学习都要依靠独立自主的阅读活动去进行，故而阅读能力的应用不仅局限于学习领域，而逐渐成为人类生存和发展的一项重要技能与生活方式，阅读兴趣和阅读能力的养成及迁移将影响个体的生存与发展。培养利于终身学习的阅读兴趣显得越发重要。在儿童知识启蒙的小学阶段，各方面行为习惯尚在养成之中，该阶段培养阅读兴趣将为其一生阅读习惯的养成起到奠基作用。与其他学习阶段不同的是，小学生语文学习文本题材充满新奇之处，内容富有童心和趣味，文体也相对丰富，因而有着天然的培养他们阅读兴趣的优势。所以，在小学阶段培养学生阅读兴趣是一件事半功倍的事。这对小学语文教师如何利用文本特性的操作来提升小学生阅读兴趣提供了较大的发挥空间。

三、提升学生的文化理解力及包容性

小学生处于思想启蒙阶段，其行为思想、价值观念尚在形成发育之中，对于无限丰富的文化内容、文化价值的接受、理解和包容也正处于起点位置，等待着教师去引导、去雕琢。而小学语文因其文化意蕴丰富、涉及文化领域的多样，为小学生价值观的塑造和文化理解力及包容性的形成提供了非常有利的通道，教师若能充分利用小学语文的文本特征，并结合该阶段学生的心理特点，来培养小学生语文学习的兴趣，则其文化理解力和包容性的形成便会有一个优良的开端。

小学语文课本中许多看似简短的文本，实则童趣盎然，且意蕴万千。小学语文中蕴藏的这种文化价值对学生文化理解力和包容性的形成，有至关重要的启发和引领作用。正如一位学者所言，一切知识都依存于特定的文化背景，都拥有内在的文化涵养，充分尊重儿童，重视儿童学习兴趣的唤起和保持，才能使儿童以积极的心理倾向去被这种文化涵养所浸润，从而增强文化理解力和包容性。

教师若能以儿童化通俗而又不乏诗意的语言去诠释插图和文字，则小学生定会于无形之中受到文化浸染。上面是天，下面是地；在天地之间，生活着无数的人，人类是多么渺小啊，而天地是多么无穷无尽！"天地人，你我他"，一声声响亮的童声朗读中，呼唤的是一颗颗敬畏天地、敬畏自然的心！

教育的目标是，要塑造既有广泛的文化修养又在某个特殊方面有专业知识的人，他们的专业知识可以给他们进步、腾飞的基础，而他们所具有的广泛的文化，使他们有哲学般的深邃，又有艺术的高雅。这里的文化修养具体表现便包含有文化理解力和包容性。诚然，教育的目的不仅是培养具有专业知识的人，还要塑造具有广泛文化修养的人，因为文化修养才能体现一个人的优雅与深邃，广泛的文化修养才能让人大爱、向善、慈悲……"未来已经到来，它始于现在"，充分挖掘小学语文的趣味因素，是提升其文化修养，增强其文化理解力和包容性的一个必要的起点。

不同地区的人们日益成为密切联系的整体，当代人已不仅局限于成为"民族人""国家人"，而是成为"全球人""世界人"。在全球化深入发展的今天，各种思想文化的交融更加频繁，文化冲突也会相应增强。这个世界如果没有矛盾，就会变得空泛无味。在教育中如果排除差异化，那就是在毁灭生活。故而，培养文化视野开阔、有文化包容心的人，是当今开放、多元的社会的必然要求。俗话说"文以载道"，母语是文化传播的载体，也是培养学生价值观的重要依托。小学语文学习不仅是各种基础知识的接受过程、基本能力的形成过程，也是基本价值观念的形成过程。浓厚的语文学习兴趣，更容易促使学生在语文课堂上联想、思考，形成的多元文化视角，为其一生的文化理解力和文化包容性奠定基础。

四、陶冶个人一生的生活情志

小学生语文学习兴趣的培养之意义不仅体现在学生时代，放眼个人一生的生活，即使一个人毕业以后不再学习语文，其文学兴趣、文学修养也可给平常的生活增添不少"诗情画意"。学生时代的语文学习兴趣之于我们一生的生活意义就如同食物之于我们的身体，我们从小到大吃过很多的食物，它们都已经没了踪影，但已经化成了骨和肉，流淌在我们的血液里。语文的学习兴趣对我们的影响就是如此，在兴趣的无形牵引下，我们饱读诗书、涉猎广泛，扎进书堆里便如饥似渴，它们会在不知不觉中影响你的思想、铸造你的灵魂。

第三节　小学生语文学习兴趣的培养策略

一、对语文文本资源的挖掘与拓展

情境兴趣对小学生语文兴趣培养的启示之一是，充分利用文本自身的特性，如增强文本主题的诱惑性、提升文本内容的鲜明性、保持文本学习的组织性、、拓展文本资源的延伸性，来增强学生基于文本的兴趣。语文学科不同于其他学科的地方之一在于，语文学科拥有题材丰富的文本，这给了教师极大的文本解读空间。因此，语文教学有能够充分挖掘的教材文本价值，要多方面地基于文本、利用文本，来吸引和保持学生学习语文的兴趣。

（一）增强文本主题的诱惑性

增强文本主题的诱惑性是指在学习文本之前，发掘文本中贴合学生年龄特征的因素，将小学语文课文尽可能与能够吸引小孩子兴趣的话题或者活动相联系。增强文本主题的诱惑性主要体现在进入文本学习之前，要提升小学生进入文本学习的动力，使他们有一个积极的学习准入状态。是否能增强文本主题的诱惑性主要取决于两个因素：其一，教师要善于观察，对儿童的心理特征、行为方式要有一定的了解，能清楚地知道什么样的话题或活动最能引发小学生的关注，引起他们的好奇心或者参与的兴致；其二，教师要敏于发现，要善于根据课文主题、文本特点，选择与儿童心理特征和行为方式相契合的点。

（二）提升文本内容的鲜明性

提升文本内容的鲜明性是指在文本学习过程中，挖掘文本中富有悬念、使人惊奇、能够唤起学生想象力抑或幽默的元素。小学语文课文中，很多文本本身富有吸引力和趣味性，对于这些文本，教师要善于找出来加以强调或润色，以点带面促进学生对整个文本的学习；但同时也有一些读起来不那么"博人眼球"的文本，对于这样的文本，教师可以通过形象的描述、生动的语言表达、创设未知和悬念等来激发学生兴趣。

（三）保持文本学习的组织性

组织性或称连贯性，是指文本各部分组织结构较好，流畅无障碍，很容易使读者读下去。保持文本学习的组织性是说，教师要能够通过语言导向、教学活动的组织调整、巧妙的过渡等保持学生对文本学习理解的顺畅。这要求教师首先要特别熟悉教材内容，明晰文本的框架脉络，使得教材内容如出自己之口、自己之心，在此基础上能够熟练运用各种教学方法，做好课堂上各个教学环节之间的衔接。教师对教材的熟悉程度，会对学生学习兴趣产生一定的影响，因为只有当教师对教学内容足够熟悉时，才能在讲课的时候情绪饱满、挥洒自如，对内容深刻把握，轻车熟路，才能点燃学生的学习热情，调动他们的学习兴趣。

（四）拓展文本资源的延伸性

语文课文为学生学习提供了一个范本，但由于篇幅和结构的限制，课文相关的很多丰富的背景知识、前后文节选都不能纳入其中，而这些对学生背景知识的积累、视野的丰富及对课文深层意义的理解都很有意义。教师要引导学生围绕课文涉及的主题，去广泛搜集背景知识，了解作品背后的故事，在广阔的语文背景中体会文学的艺术性，从而增强学习的兴趣。对于一些经典的童话、名著，为了方便学习，课文往往采用删减或者节选的形式，使得作品原本的丰富性和精彩性受到削减，教师若能有意识地引入对原著的扩充介绍、组织删减前后作品的对比学习，学生的学习热情定会被唤起。

当儿童跨进校门以后，不要把他们的思维套进黑板和课堂的框框里，不要让教室的四堵墙壁把他们跟气象万千的世界隔绝开来，因为世界的奥秘中包含着思维和创造的取之不尽的源泉。小学语文教师要有意识地以课文为辐射点，去引导学生认识万千世界的奥秘，打开思维的源泉，利用多方面资源去滋养学生学习语文的兴趣。

语文作为一门母语课程，其学习资源及实践机会无处不在、无时不有。结合小学生好奇、好动的年龄特点，教师不仅可以补充丰富的阅读材料，还应引导学生在实践活动中充分感受、学习语文。春季的鸟语花香、夏季的虫鸣蛙唱、秋季的飘飘落叶、冬季的皑皑白雪，这些都可以是语文学习的资源。因此，应该让小学生更多地直接接触语文材料，在大量的语文活动经验中把握语文学习的脉搏、体会语文运用的玄机。新媒体时代，小学语文教师还可以充分运用现代化科技，充分创造文本学习的情境，使学生能够身临其境地进入文本所描述的内容中，使学生在不同方法的综合运用中开阔视野，提升学习兴趣。

二、对语文教学过程的调控

在情境兴趣的分类中，基于任务的兴趣是指当学习者面对新的学习任务时，会因为任务编码，即引出任务的指导语和组织形式来影响学习兴趣。研究者曾经提出了情境兴趣的模型，强调兴趣的"引发"（catching）和"保持"（holding）两种成分。"引发"成分是指运用那些在活动最初能够激起学习者从事活动兴趣的变量，例如小学语文课堂中的谜语导入、提问抢答、学生感兴趣话题的课前交流等；"保持"成分是指那些能使学习者在活动过程中确立易于操作的、清晰目标的变量，或者利用学习者对某个特定的目标试图进一步掌握的这种心理的变量，例如课堂上采取不同的教学方法，组织不同的教学活动，采用即时评价等去提高学习者参与活动的兴趣。

（一）精彩多样的导入激发兴趣

课堂导入是课堂教学的起始环节，一个精彩的导入能使学生以良好的学习状态进入正式的文本学习中，激起学生在课堂之初的学习兴趣。教师精心设计的课堂导入是整个课堂教学的"准备动作"，能起到先声夺人的效果，使学生为即将进行的思维活动做好心理准备。小学生好动、好问、好奇的性格特征，决定了他们容易被新鲜的事物、奇怪的问题、别样的视听所吸引，因此，在小学语文的新课导入中，要根据不同的文本内容采用生动恰当的导入方法使学生在课堂伊始便领略到语文学习的妙趣。

（二）丰富多样的教学方法保持兴趣

教学有法，但无定法。小学语文课堂中通常被采用较多的有三大类别的教学方法：其一是以语言传递为主的教学方法，如讲授法或问答法；其二是以直观感知为主的教学方法，又主要分为两大类别即语言直观和实物直观；其三是以探究活动为主的教学方法，这一方法主要适用于小学中高段的学生，有利于增强他们自主学习能力。课堂教学是一个集预设与生成于一体的过程，教师须在上课之前依据教学目标、教学内容和学生的年龄特征，对不同题材的文本、不同的教学环节采用什么种类的教学方法有一个大致的规划，精选最能吸引学生注意力、调动学生兴趣的教学方法。同时也需要在课堂教学中根据学生的学习状态、学习进度做出及时的调整或变更，如此才能使课堂教学不落入固定程式中。

小学生的思维特点是以具体形象思维为主要形式，教师可充分利用这一特点较多地采用形象直观的教学方法吸引兴趣。直观教学的特点是具体形象，具体性来自对物品或图片的使用，或由于个性化或动人的阐述。仅是对词语的直接感知，就能带给我们强烈的兴奋，这是因为，想象可以在我们内心产生堪与现实媲美的具体形象。直观教学又分为言语直观和实物直观。在语文课堂中被使用较多的是言语直观。很多时候需要教师在解读文本时，用诗意的语言、形象生动的描述，在有限的课堂上为文本学习创设丰富多彩的教学情境。

（三）全面高度的参与程度浸染兴趣

面对一群注意力容易分散的小学生，要让每一个学生都充分参与到教学活动中是一件极具挑战性的事情，尤其到课堂中途，有些学生开始"坐不住"，这时候教师可以发挥集体的作用，酝酿出热情高涨的课堂氛围来浸染学生兴趣，利用集体的表现力吸引学生兴趣，并使他们投入增强集体表现力的活动中去。教师可以通过课堂上的集体教学活动，给学生全面参与的机会，如小学语文里多种形式的集体诵读，低年级以小组为单位的"开火车"读生字生词等。

（四）即时恰当的评价巩固兴趣

传统的学业评价以终结性评价为主，以分数为衡量学生学习效果的唯一指标。这种评价的弊端在于，历时周期相对较长，以检验为主要目的，难以及时评价学生的实时学习情况，且不能用来评价学生除知识增长以外的其他方面的能力增长，如学生的口头表达能力、想象力、创造性思维等。呵护学生语文学习兴趣的评价则可以克服这些弊端，它要求教师应加强结合教学情境的实时评价，充分发挥课堂上口头评价的作用，对学生的学习状态、学习习惯、学习方法进行全面、及时的肯定或者提醒，把评价看成课堂教学过程中的一个有机环节。

小学阶段是培养学生想象力的关键时期，语文教师应充分利用小学文本的特点，引导学生插上想象的翅膀在语文的天空里遨游。本案例中教师的评价为我们如何利用评价契机巩固学生的学习兴趣提供了很好的范例。

三、对语文相关知识经验的唤起

基于知识经验的兴趣指的是学生已有的知识基础和生活经验在学习中对兴趣的影响。在学习新知识时，学生已有的知识基础会对语言文字的理解具有奠基性的作用；而相关的生活经验能帮助学生更好地走进文本所描绘的情境中。所以，教师要善于挖掘文本内容、文本主题与学生过去已有知识基础、生活经验的联系，引导学生在回顾旧知识的基础上把握新知识，充分借助已有生活经验，通过联想和想象等方法，去更加深入全面地学习和理解课文的内涵和意义。

（一）回顾知识经验

有些事物本身并不使人感兴趣（如背诵文本、写字和拼写），使一件事有趣的唯一方式，就是使它有机会唤起某种心中，更恰当地说神经系统中业已存在的兴趣。新知识要获得意义，往往需要与学生认知结构中的原有知识相结合。知识的现实意义是多元的、多样的、有意义的，实现方式也是无限的。以旧知识的占有来为新知识的学习提供"固着点"，便是获取知识的一种意义体现。在教学过程中要呈现给学生已经知道的知识，这并不是说要固守已有的知识，而是指要有意识地把已有知识当作连接新知识的桥梁，通过唤起学生对于掌握已有知识的成就感、自信心，来使学生兴致勃勃地融入新课堂。

（二）联系生活经验

生活经验对增强学习兴趣的作用似乎是被很多学者所公认的。就教材来说，要看它和儿童的经验、需要有什么关系。然后从这种关系里面，自然有一种趣味发生。可见，教材与儿童经验相关联能够"自然"地产生一种趣味。

大多数人对与自己的主要生活目标无关的知识是不感兴趣的，虽然这种知识在本质上可能是完美的、有价值的，但如果它远离现实生活，它就不能激发生动的兴趣。脱离现实生活的知识往往较难激发生动的兴趣。在实践教学中，那些能够唤醒学生学习兴趣的优秀教师，上课时往往从学生最为熟悉并为之着迷的话题开始，然后逐步融入新课程中去。

在时间和空间上与学生生活经验距离遥远的学习文本不容易吸引学生的兴趣，因为这或许带给他们一种"事不关己"的淡漠感。但其实，很多课文看似与学生的生活经验没有关联，如若教师能够在课文结尾进行关联生活的意义升华，则课文内容对学生而言会平添很多"亲近"感。

　　语文是人文性与工具性统一的学科，语文课堂除了传授语文学科知识之外，时常也是浸润学生心灵、影响学生价值观的课堂，只有当教师自身对教学内容的深层次意义具有真挚的情感、鲜明的爱憎、不吐不快的兴致时，才能对学生的心灵产生"润物细无声"的陶冶和滋润，在语文课中所受到的这种滋润，都将转化成学生对语文课、语文知识、语文学习的兴趣被储存起来，在无限的将来慢慢释放。

第三章

小学生语文思辨性表达能力的培养策略

第一节　小学生语文思辨性表达能力概述

一、小学生语文思辨性表达能力的内涵

要想弄清楚小学生语文思辨性表达能力的内涵，需要对这一概念进行拆解，对概念背后涉及的思维能力进行剖析，且要对拆解后的概念之间的关系进行探讨，才能真正理解思辨性表达能力的基本内涵。

思辨性表达能力包含"思辨""表达能力"两个概念，因此，若对思辨性表达能力的概念进行定义，要从两个角度切入：首先，什么是"思辨"，也就是思辨的含义；其次，什么是"表达能力"，"表达能力"和"思辨"之间又有什么联系。这些问题的回答综合在一起，就构成了思辨性表达能力的含义。

（一）思辨

1. 思辨的语义溯源

"思"最早见于金文之中，本义是深想和考虑。从金文字形来看，上部是"囟"和"指示脑门所在之处的符号"，下部是"心"，表示思考要求脑与心同时介入，可见古人相信脑与心都有思考之能。从拆字法的角度对思辨进行语义追溯，思辨可以分别组词为"思考"与"辨析"。思考是思维的一种探索活动，包含分析、概括、推理等思维过程；辨析则是对物、事、情、理的辨明与分析。我们的先贤对思辨的认识由来已久，《论语》中广为人知的"学而不思则罔，思而不学则殆"是有文献记载的最早的对思辨的思考，它揭示了思辨在学习过程中的不可或缺。

而思辨这一名词则可追溯到《礼记·中庸》中的"博学之，审问之，慎思之，明辨之，笃行之"，它阐述的是一种系统的学习方法。此后，《文心雕龙》中出现的文学批评之言更是直指"思"与"辨"这两个学习过程中的关键因素，强调"思"是"寂然凝虑，思接千载"，"辨"是"穷于有数，究于无形"。由此可见，中国古代对"思辨"一词的理解主要关注在学习、认知中的运用，重视思考过程中的权衡与比较、分析与综合。"思辨"作为一个词来使用，最早见于明代王阳明的《传习录》，且如事亲，如何而为温清之节，如何而为奉养之宜，须求个是当，方是至善。所以有学问思辨之功。此处"思辨"一词和"学问"连用，显示了在为学治学上需要深思辨明这一能力，而学问思辨则是古代儒家一种集中的修养方法。第一，"思辨"发展到今天，早已成为当今飞速发展的时代和信息爆炸的社会所需要的一种思维品质。第二，思考辨析，注重辩证地认识事物的本质。

而西方"思辨"则是由古希腊哲学演变而来的思维认知方式。其词源最早可追溯到拉丁文"spekulativ"和希腊文"theorem"，原指纯粹"看"或"观察"，后演变成西方语言"speculative、theory"等，意为"猜测、揣摩、学说"。思辨在西方哲学领域最先被提及，最早可以追溯到古希腊时期苏格拉底的问答法。这是一种寻求普遍知识的方法，即师生之间在问答过程中相互揭示矛盾和错误，从而使个别的感性认识逐步进阶到普遍的理性认识。苏格拉底式的提问是一种批判性思维工具，可以帮助指导学生放弃毫无根据或错误的想法，锻炼他们的推理能力。

2. 语文学科下的"思辨"

思辨从一般意义上讲是思考辨析能力，即分析、推理、判断等思维活动及辨别分析事物的情况、类别、事理等方面的能力。

思辨性任务群中的"思辨"，不等于一般的思维，而是比较、分析、抽象、概括、推理、判断、发现。

在当前我们语文教学，"思辨"具有丰富的含义，但是，人们普遍认同的一点就是思辨不能没有思维，它是超越体验的理性思维活动。没有了思辨，便只剩下了感性狂欢。

3. 思辨内涵小结

"思辨"本身不仅是学习内容，也是思维品质。将"思辨"语义追溯与当代学者关于语文教学"思辨"的理解相结合，思辨，即思维方式、思维活动，其中包括"思"与"辨"两个层面，即"思考"和"辨析"。其中，思考与辨析都属于思辨范畴。所谓思考，主要指对某一事物所做的分析判断活动的全过程，是纵向的分析疑问；而辨析就是对外界事物事理和本质等实行分辨，是横向的多元权衡。众多研究都表明，思辨离不开思维，它是一种经验之上的理性思维方式和思维活动，旨在弄清事物的本质。因此，我们可以把

"思辨"界定为：通过分析和质疑、辩证或逻辑的多元探索而得出结论的思维过程。

（二）表达能力

表达旨在沟通、交流一定的感情与观念；所表现的内容可为人物、事件、事物、情感、道理等；表达的工具是语言，既有口头语言，又有书面语言；表达的对象是听者也是读者。阅读与表达，是人类生存在社会上必不可少的一种活动，就像读书不是单纯地获得语言文字信息一样，表达上也并非简单地发几个毫无意义的音节，做着毫无意义的行为。表达活动首先是将人类语言送入大脑，然后通过思维和认知活动进行处理，积极输出结果，从而实现一定的谈话目的。"思性表达"反映出表现这种行为的深度和合理性。

所谓能力是指那些直接影响到活动效率，并使其顺利完成而必须具备的心理特征。依此类推，所谓"表达能力"，就是把个体内部语言高效地转换成外部语言过程中所需的心理特征，随着年龄的增长和心智的成熟，语言表达能力会进一步提高。

（三）思辨性表达

1. 内涵界定

对于思辨性表达的理解，可以从两个要点来切入：一是立足思维角度；二是站在语文教学角度。

从思维的角度来看，作为一种复杂的认知活动，从具体感性上升到抽象理性，是处于不断发展的过程中的。表达以传播、交际为目的，将主观思维成果输出为言语的行为方式。由此可见，表达一定离不开思维的参与。"思辨"是一种高阶的思维方式，因此可以说某一种表达是"思辨性（地）表达"，强调在表达活动中形成和发展思辨能力。

从语文教学的角度来说，"思辨性表达"包括"思辨性书面表达"和"思辨性口语表达"。书面表达，有利于思维的条理化、深刻化，但口语表达是以书面表达为主，有助于提高表达说服力、感染力。因此，从课堂教学的角度来说，在理解"思辨性表达"这个概念时应以"思辨性"作为限定语，将表达拆分为"书面表达"与"口语表达"，与"思辨性"分别组合在一起，强调在语文课堂上的不同课型中提升学生的思辨能力。

在"思辨性表达"教学过程中，表达均围绕"思辨"这一核心相互推动，且要求学生处在"思辨"的理性状态，基于文本或材料进行负责任的、条理清晰的、有理有据的表达。

总之，通过梳理有关"思辨性表达"的各种观点和论述，在对"思辨性表达"的认识上，"思辨性"应该是状语，"思辨性表达"的教学，着重于学生的表达应具有思辨性。

因此，本书所指的"思辨性表达"是学生能以开放的心态平等对待不同人提出的观点，从多个角度去考虑别人的看法，在质疑和辨析的同时，利用适当的理据进行推理，做出评判，进行有的放矢、合乎逻辑而又有条有理的论述。从本质上来说，"思辨性表达"是促进知识内化的手段、是思维发展的学习模式。

2. 思维过程

思辨是思维活动中的一项重要内容，可以这样说，思辨过程实际上也是学生思维能力培养的过程。通过对前人相关研究的梳理，笔者总结出"思辨性表达"要经历如下思维过程：

质疑就是提出自己的疑问，对小学生来说，问题意识与主体意识十分重要，因为有质疑才会有思考，这是逻辑思维与辩证思维的起点。在新课标中并没有提及"批判性思维"这一概念，因为对小学生来说，批判性思维的要求太高，难以企及，因此，仅在思维品质的描述中谈到了"思维的批判性"，但这可以看作是对小学生学会质疑的提倡，表现了质疑的内涵。

分析与论证离不开逻辑思维的运用，是对证据链条的合理思考与有效证明。小学阶段对"议论文"的提法甚少，但实际教学中离不开"读文说理"，如学习简短文言文《杨氏之子》时，就要通过对文章内容的分析，推论出杨氏之子机敏问答的背后逻辑所在，学习作者说理论证的方法。

有了思维的逻辑起点和分析论证的过程，学习者掌握了主要信息，在此基础上对基本观点和说理逻辑进行综合性分析，从而生成自己的观点并能够进行有理有据的表达。

反思是个体指向内部的自省活动，是对思维过程的自我监控与自我改进，从而实现自我完善。对小学生来说，评价不仅来源于外部的教师评价，也可以来自学习者自我评价的内生机制，多重评价的运用能够促使学习者更积极地改进思维过程、推动思维进阶。

思辨始于质疑，归于反思。以上思维过程一环扣一环、逐层深入，在分析信息的前提下，通过观察、对比、分析、推理、判断、评价等活动来研究事物、研究问题，最后构成了思辨性思维逻辑链条，从而促进问题解决，实现思维进阶。

（四）思辨性表达能力

1. 内涵界定

厘清了上述概念，那么思辨性表达能力就很好理解了。思辨性表达能力，指带有"思辨"特征或属性的抽象思维能力，它能以辩证思考为结论，用适当的语言表达思考的过程和结果。表达能力的培养离不开语文学科，它是培养学生思辨性表达能力的主要渠道，因此，本书所提到的思辨性表达能力培养，离不开语文这一学科背景。有了思辨性表达能力，学生能够在思辨中习得表达，在表达中学会思辨，将思考与辨析融为一体，从而学生的语文核心素养提升就不再是一句空话。

2. 表达的特征分析

思维能力是指学生在语文学习过程中的联想想象、分析比较、归纳判断等认知表现，主要包括直觉思维、形象思维、逻辑思维、辩证思维和创造思维。思维具有一定的敏捷性、灵活性、深刻性、独创性、批判性，具有好奇心、求知欲，崇尚真知，勇于探索创新，养成积极思考的习惯。该阐述不仅指出了思维的类别，还强调了思维的品质。"思辨性阅读与表达"任务群是对"发展思维能力"的明确，是对逻辑思维、辩证思维和创造思维的深化和强调。据此，可以总结出思辨性表达能力中表达所需要具备的四大特征：

（1）理性

"思辨性表达"提倡学生敢于表达、敢于反驳，但是表达的前提是客观正确的，建立在对事物本质认识的基础上，所以，理性是"思辨性表达"的依据和原则。"思辨性阅读和表达"任务群是以发展学生理性精神为目标的，所以作为这一任务群组成部分的"思辨性表达"当然也有其理性特点。

理性，指人们在分析、处理问题过程中表现出的态度，就是按照事物发展规律和自然进化原则来考虑问题，具体表现为想问题或者处理问题的时候不浮躁，不凭感觉做事，要用真理说话。"理"是客观公正的，其具有正确的世界观、人生观、价值观。这是理性存在的根本，而不是想当然。理性强调学生在表达辩驳的同时，要警惕自身的情感态度，不能让主观好恶凌驾于现实真理之上。正如孔子所说的"勿意、勿必、勿固、勿我"。"勿意"则强调不能凭空臆断和主观臆断，要以客观事实为依据，而实践才是检验真理的唯一标准；所谓"勿必"，是指对事物不做绝对的肯定，也不进行绝对的否定，而应该一分为二地看待事物；"勿固"的意思是用变化和发展的眼光看问题，不可拘泥固执；"勿我"不是专以己为主，自以为是，替人代事。在表达和说理中，保持中立客观的态度，警惕为主观情感所迷惑，不会陷入各种偏见和狡辩的泥潭，必须清明理性、秉公办事、是非分明，经得起质疑和揣摩，能够让人心悦诚服。

（2）逻辑性

在"思辨性阅读和表达"的任务群中，"思辨性表达"这一学习内容反复强调要让学生发表阐述其见解的同时，必须强调逻辑，言之有物，有条理，所以，逻辑性在思辨性表达能力上又是所需的一种属性。

"逻辑"在《现代汉语词典》里被理解为思想的法则或事物的客观规律性，广义上讲，逻辑是对事物事件的因果规律。逻辑性表达的对象就是表达时的语言自身，指向言语间的逻辑结构、逻辑关系，保证表达时语言的正确性和准确性。

第一，个体表达应与别人思维习惯相一致，前言应搭后语，语言组织合理且标准，别人可以从自己的陈述中得出观点，用词精当、语句通顺、含义完整；第二，表达的内容也要入情入理，经得住推敲，合乎事物本身客观规律。

内部语言思维活动向外部语言言语表达转换过程中，必然要进行大脑内部的重新加工，在这个转化加工做得不好的情况下，便会出现词不达意的现象。

所以在"思辨性表达"的过程中，必须重视语言表达的逻辑性，强调内部语言的严谨合理、外部语言的流畅连贯，实现内外语言的对等连接。

（3）辩证性

"思辨性表达"需要学生表达时全方位地从多个角度考虑问题，培养学生辩证思维，让思想带有某种批判性。因此，辩证性又是思辨性表达能力的一个重要特点。

"辩证"这个名词，和哲学有关，指人经过概念、判断、推理和其他思维形式对客观事物辩证发展进程的恰当反映，形容一个人观察事物的角度是综合的。辩证性表达，指向表达时的思考，也就是能通过分析质疑、多元取舍、推理判断等抓住事物现象的实质，保证对是非善恶有足够判断，使表达具有条理性、严谨性、正确性和深刻性。语言与思维构成了不可分割的整体，无先后之分，它们是互相联系、互相制约、互相促进的。语言过程是一个思维过程。任何语言表达中都包含某种含义或思维思想。思辨性表达则最大限度地包含了思辨性质。

总之，辩证性是思辨性表达能力的主要特点，它反映着思维活动的综合性与深刻性，其重点是指导学生对事物现象本质的理解，在发表意见时，要多角度考虑问题，能以普遍联系的、动态发展的、一分为二的哲学视角看待事物、分析问题，能发掘出事物现象下隐藏的深层逻辑与意蕴，并以此为基础，结合个人的观点进行有理有据的表达。

（4）创造性

日常教学工作要着重培养学生的创新思维，注重加强学生的综合能力与素养，而创新思维和思辨思维密不可分，创造性更应该是思辨性表达能力中表达所需要具备的特征。

所谓创造性思维，主要是学生在自己的认知与知识储备基础上，进行多种思维活动，能够提出新的思想、新的看法，并擅长从不同视角进行创新与突破。有了创造性思维，学生才能自主地探索事物的本质，升华自身的价值，促进社会的发展。

思辨性表达能力具有理性、辩证性、逻辑性与创造性等表现特点，它的外化是能全面辩证地分析，合乎逻辑地说理。当然，这四个特点并不是孤立的，四者彼此关联、彼此贯通、相辅相成。理性为"思辨性表达"提供了立论之本，在表达中，无论是内部语言思维活动，或是外部语言交际沟通，无不渗透着理性特质的影响；逻辑性，不仅指思维要正确、合理，而且指表述要准确、明确；能否实现"思辨性表达"，辩证性至关重要，在把握事物本质，探求事物真相方面发挥着无可取代的重要作用；创造性体现了思维的新颖和独特，通过突破常规思维的界限，提出与众不同的解决方案，从而产生独到的思维成果。

二、小学生语文思辨性表达能力的培养价值

（一）促进教师对语文教学的反思与实践

当下已有越来越多的学校开始关注小学生的思辨能力培养，但是在教学实践过程中也出现了一些错误和局限性，影响到教学实施的最终效果。

首先，思辨一词常与理性思维画上等号，所以教育者更容易在实践中忽略对学生情绪情感的表达和调节，忽略了学生的感性思维，并演变成一种纯"形而上"的思考活动。其实，孩子的心灵有着明显的感性特质，且情绪情感不仅可以作为思辨力的一部分（例如，关怀思维是情感性思维），还有利于思辨力的全面表达和培养。

其次，思辨力在学生成长过程中的地位是不言而喻的。不过，这终究只是一种手段，而非以目的为导向，它最终要指向并为学生自身精神世界发展服务，帮助学生获得真正意义上的成长。但是，目前在实际工作中，还大量地存在"言必谓之思辨"的现象，只讲观念，不讲观点。

最后，在以母语为主的传统教学中，更注重文学性阅读和表达训练，而相对忽略了逻辑思维训练。但语文教学要做到感性思维和理性思维协调发展。语文教学不仅要指导学生注重对文学意象的把握与感受，发展想象力与创造力，还要引导学生从积累材料、语言运用及日常生活问题的解决中学会有依据、有条理地思考，以弥补理性思维普遍欠缺的短板。

综上所述，为了应对一线语文教学实践中思辨能力培养的误区和局限，有必要进一步探索小学生"思辨性表达"能力的培养策略。

（二）促进学生思维能力和表达素养的提升

儿童是天生的思考者与思想家。一般情况下，大家都不会对孩子的语言表达与思维产生质疑，毕竟，这才是人的根本特点，儿童不会因为他们还在"未成年人"阶段，就缺少

这类人所特有的性质。当代儿童心理学家经验研究发现：孩子在幼小时，就已经具有了某种"反事实"抽象思维能力。根据国际教育实践经验，批判性思维习惯培养，就是一个长期积累与培养的过程，它要求在儿童时期开始自觉地训练与学习。抓住儿童思维发展的关键期和关键环节，有利于培养过程的事半功倍，同时学生也受益匪浅。

首先，能促进学生语文学习。小学阶段对学生来说，是成长和发展的关键阶段，学生的基本生活、学习情况、思维习惯常常是在这个阶段逐渐形成的。对广大小学语文教师来说，如果能够在教学过程中，对小学生思辨能力进行有效的培养，便极有利于加速小学生的成才，还有利于小学语文教学深层次目标的实现。

其次，可以促进学生其他学科的学习。本书虽然探讨的是语文学科语境下的思辨性表达能力，但毋庸置疑，该能力对其他学科的学习同样有益。数学学科的逻辑表达、英语学科的辩证分析，都需要这样一种思辨性的表达能力。该能力为其他科目的学习搭建了桥梁，学生通过该桥梁更好地参与到其他学科学习中，从而体会学习的深层意义。

最后，可以促进学生素养的健全。小学阶段是学生思维发展的黄金阶段，在这一阶段需要重视学生"学"与"思"的结合，加强对学生思辨能力的培养。因此，对小学生来说，思辨能力的发展，有助于学生在文中获得新知，激发其勇于提出问题的意识，从而养成良好的思维素养。

三、小学生语文思辨性表达能力的课标要求分析

（一）"思辨性阅读与表达"学习任务群分析

"思辨性阅读与表达"学习任务群就是对四维核心素养之一的"思维能力"的具体落实。这一任务群是第一次整体集中地出现在国家义务教育语文课程标准的架构中。"思辨性阅读与表达"任务群直接对应了第七条课程总目标：乐于探索，勤于思考，初步掌握比较、分析、概括、推理等思维方法，辩证地思考问题，有理有据、负责任地表达自己的观点，养成实事求是、崇尚真知的态度。

"思辨性表达"十分注重培养学生的问题意识与思维工具的辅助使用。对思维导图、列提纲等思维工具的强调，更是为一线的教学实践提供了有力抓手，助力学生语文思辨性表达能力的培养。

（二）"表达与交流"不同学段要求分析

义务教育阶段的语文实践活动大致可分为四类：识字与写字、阅读与鉴赏、表达与交

流、梳理与探究，这四方面的内容为教师在教学设计中的后续完善提供了参考。其中，"表达与交流"板块为思辨性表达能力的培养提供了重要的价值参考，根据不同学段的表达与交流的侧重点进行了梳理总结。

"表达与交流"是四大语文实践活动之一，通过梳理"表达与交流"三个学段的内容，我们可以发现新课标对"表达"这一板块的安排具有以下特征：

第一是表达内容：逐级递增、外延渐广。从第一学段的"小故事和生活见闻"到第二学段能够使用书信、便条等实用类文本进行表达，再到高学段的读书笔记撰写、根据对象和场合做简短发言，表达内容的外延逐步得到拓展。

第二是表达要求：循序渐进、螺旋上升。横向对比来看，随着学段的升高，要求也会随之提高。就表达的要求而言，"对表达交流具有自信心"只为培养学生的思辨兴趣，它所观察与发现的客体，均为日常生活之物，思维直接表现出来的是"说出想法"即可，这与低年级儿童认知年龄特点是相吻合的。而"就不同意见与人有理有据商讨"到"表达有条理"，表达的要求是层层递进、越来越高的。

第三是表达技巧：逐步提升、先易后难。从表达技巧上看，第一学段侧重"复述大意"，第二学段侧重"简要转述"，第三学段侧重"分段表述"。具体来讲，第一学段的学生能复述内容，根据自己的理解，用自己的话讲出内容即可达到目的；第二学段的学生能画出思维导图，并借助思维导图实现有条理地复述，突出个人的感受和观点；第三学段的学生在阅读后能结合生活经验进行评判和感悟，并将自己的独特感受用文字形式记录，写出感悟的点和具体的感受原因。由此可见，不同学段表达技巧的思维含量是逐步提升的。

（三）统编版小学语文教材的思辨性内容分析

从语文学科的角度，我们知道，"思辨性表达"主要由两类学习内容组成：一是口头表达，即通过交流、演讲、辩论等阐述自己的思考和观点；二是书面表达，即有理有据地用书面的正规形式表达自己的观点。小学语文统编版教材设置的"口语交际"与"习作"板块，就是着力于这两方面表达能力的培养。

统编教材很重视思辨性表达能力的培养。六年级的思辨性训练频率最高，反映出高段学生将升入初中，需要在学段衔接中培养思辨性表达能力。所以，口语交际、小练笔、习作等形式能给学生以宽广的思维和表达与交流的空间。

培养学生的思辨性表达能力不仅是在写作课和口语交际课，更为重要的是在日常的阅读课型中，因为日常的阅读课型会让学生拥有更多的语言表达的训练机会。"阅读"与"表达"是密不可分的，新课标在设置学习任务群时也并没有将阅读与表达分开，"思辨性阅读"和"思辨性表达"也都是围绕"思辨"这一共同价值而相互依赖、相辅相成的。要想实现思辨性的表达，一定离不开思辨性的文本探究，因此也就离不开"思辨性阅读"。鉴于此，本书全面分析了统编版一至六年级语文教材中的课文内容与课后习题，希望能为一线教学提供思路参考。

统编教科书一至六年级逐步安排科学发明方面的故事、蕴含哲理的寓言故事，其目的是指导学生在全面阅读之后，通过课下思考题，启迪学生各抒己见、畅所欲言。随着年级升高，思辨性阅读的文本越来越多，特别是三年级下、四年级上、四年级下、六年级上、六年级下都编排了整组单元课文，去培养学生猜想、验证、推理、辨析、疑问等能力，使学生能够将生活经验与课文中的"阅读链接"相结合，在集体讨论中各抒己见。

有了提供支持的阅读文本供师生在课堂上进行探究，进行思辨性表达能力的培养就有了支撑。本书所进行的课堂观察活动，虽然有专门的口语交际课和写作课供观察记录，但还是以日常的阅读课型为主。

第二节 小学生语文思辨性表达能力的培养策略

一、明确教学目标，提高课堂有效性

教学目标是教学活动的主体在具体教学活动中所要达到的结果或标准，具有教师"授权目标"与学生"学习目标"为一体的双重属性。教学目标设计是进行教学活动的第一步，直接指引教学活动的内容方向和评价基准。因此，有必要首先明确教学目标，提高思辨性表达能力培养的针对性。

（一）在课标研读中制定教学目标

很多教师备课的时候都会习惯于先用自身的体验来诠释教材，却忽视了课标的要求。在目标设计中，还习惯于隐形地从知识和技能、过程和方法、情感态度和价值观等这三个维度来设计彼此隔离的机械对应的目标。

"思辨性表达"在不同学段有不同的要求。总的来看，在第一学段中，注重对学生好奇心的保护，指导学生多多观察同类事物之间的相同点和不同点，鼓励学生自由表达；第二学段着重指导学生了解事实和看法之间的差异，指导学生表达自己对课文的见解，并试着发表意见；在第三学段中，注重指导学生对证据与观点的关联进行分析，区分总分、并列、因果和其他关系，条理分明地各抒己见。所以，教师有必要认真学习新课标，并在开展教学之前就设定好合理的目标，这样才能做到"依标而教"。

例如，通过结合培养小学生思辨性表达能力在新课标中的目标要求，分析《将相和》这一课文的教学可知：学过《将相和》里"负荆请罪"这个故事后，教师要求学生写出读后感。有些同学站在蔺相如的立场上，写为人要宽容大度；有些同学站在廉颇中立场上，写处世要知错就改；还有些同学站在赵国局势的立场上，阐明了在集体中要顾全大局的道理等，这就产生了不同的看法，产生了百花齐放、异彩纷呈的效果。当学生对人物的评价存在一定争议，特别是在发生歧见时，教师要给学生探讨的余地，让各持己见的同学进行争论。此类活动可以很好地锻炼思辨能力，同时，还可以进一步深化学生的思维。

教师教学不能脱离教学目标而进行，教学目标的确立也离不开新课标。课程标准为课程教学的目标设立提供了先决条件，教师在熟悉课标后，要制定出系统、合理的教学目标，使思辨性表达能力的培养更有针对性。

（二）在文本细读中完善教学目标

没有目标的教学是盲目的教学，没有价值的教学目标更为有害。教学目标对教学设计的重要性不言而喻，除了依据新课标来制定教学目标，还需要通过细致深入的教材分析来完善教学目标。教材是教学内容的载体，是教和学的依据，是完成教学任务的凭借，是教学过程的支架，也是课程标准的具体体现。所以，教师在教学中要善于学习与运用小学语文教材的知识，能真正地在潜心研究中领会编排者本意，这样才能"善用教材"，进行有效的课堂教学。前文提到，教师的"思辨性素养"对教学内容中"思辨点"的挖掘具有重要意义，因此，做好教材分析，细读文本，能够有效提高思辨性表达能力培养的效果。

怎样进行文本细读呢？文本细读是一种深度阅读的方法，即先获取文字的字面意义，然后进行推断、了解作者想表达的意思，再进行评价，即判断文字的真实性、相关性、逻辑关系等。统编版教材中有很多教学目标是为发展学生思辨能力制定的，能有效地训练学生积极思考、严密思辨的能力，也能有效培育学生智慧思辨的习惯，教师要深入阅读文本、挖掘文本的思辨因素。

教师应该通过文本解读来把握教学目标，建立思辨能力的培养点。同时，教师应根据教学内容和学情对学生进行有针对性的训练与指导。在对学生思辨能力培养点的设置上，选好思辨性学习目标，从而指导学生进行辩证思考。

二、转变教师观念，尊重学生主体性

思辨性表达能力始终以学生为主体，致力于让学生能够通过比较、分析、概括等思维方法，借助一定的思维工具，条理清晰地表达自身的思考过程与结果。我国教育方针从一开始就强调教学要以学生为本，教师对学生的指导，要把提高学生语文核心素养作为教育宗旨。因此，作为教师，要尊重学生的主体意识，让他们敢于表达、善于表达。

（一）抓住学生心理特点，创设适宜教学情境

小学生的心理特点存在差异性，在不同学段、不同性别上都有不同的特征。抓住了这些特征，教师就抓住了培养学生思辨性表达能力的依据。具体来看，小学低段的学生由于认知发展有限，注意力和记忆力也有限，因此对教师来说，不宜拔高要求；小学中段的学生因为年纪的增长和思维的发展，词汇积累有了进步，抽象思维也渐渐发展，因此教师要注意培养他们的表达习惯，教给基本的关联词、逻辑词等，促使其在支架的辅助下提高表达能力；对小学高段学生来说，积累的语言和词汇更加丰富，抽象思维更加完善，思辨性表达能力的培养有足够的心理基础。因此，教师要了解所执教学段的学生在思维和表达上的特点，抓住学生的心理特征，才能做到因材施教、对症下药。

除了掌握学生表达能力发展的心理规律，对小学生的学习来说，一定离不开情境的创设，适宜的教学情境创设是抓住学生心理特点的体现之一。所谓情境，就是展开有一定情节或情节片段的环境。研究证明，基于小学生的心理特点，要想培养学生的思维能力，必须基于情境教学。

儿童的时间应当安排满种种吸引人的活动，做到既能发展他的思维，丰富其知识和能力，又不损害其童年时代的兴趣。语言是在具体情境下生成的，有了情境，语言的产生与交流才有意义，所以，情境在语言思维发展过程中起着举足轻重的作用。所以，教育者应积极主动地创设以语言运用为基础的表达情境，营造与个人认知、学科认知相一致的生活情境，使学生通过参加情境性活动，达到思维进阶和提升。

教师借助情境创设，加深了学生对课文内容的把握，也强化了本节课的重难点，为后面分析人物形象做好了铺垫。

（二）营造民主课堂氛围，鼓励学生大胆质疑

教师在授课时一定要培养学生的质疑意识，让学生能够实现谨慎思考和大胆提问，自主表达自己的思辨结果，打破常规，质疑一些习以为常的说法与结论。而培养学生的质疑意识与能力，离不开民主课堂氛围的创设。

课堂上，教师应该鼓励同学们积极地提出问题，尽管起初学生很难提一些有价值的疑问，大多数情况下，只是限于表面上的一个问题，但在民主与和谐气氛中，在教学逐渐深

化的过程中，在教师的层层指导之下，学生的思维是可以发散的，是能够提出一些建设性问题的。教师在教学中应该学会宽容学生的过失，尊重来自教学的不一样的声音，从而形成一个氛围良好的思辨环境。教师如果善于创设宽松活泼、和谐的氛围，课堂气氛就会变得轻松愉快，学生的思维才会活跃起来；反之，如果课堂气氛沉闷、死板，学生的参与积极性必然会受到很大程度的影响和限制。因此，宽松积极的课堂气氛对活跃学生的思维、密切师生关系等方面均有不可替代的作用。

根据课堂观察结果可知，小学生在语文课中主动质疑和提问次数屈指可数，这一结果与教师的课堂行为不无关系。因此，教师要转变自身观念，营造活跃而有序的教学氛围，建立平等的新型师生关系，摒弃传统权威型师生关系，让学生能够积极思考，勇敢发言，不怕出错，大胆质疑。学生的质疑是学习的起始点，在践行"放手让学生质疑"的教学理念下，教师可以在自主预习上下功夫。

（三）开展多元化教学评价，激发学生思辨动机

在教学过程中，教学评价是其中的一个重要环节，起到诊断、调整、启发的作用。过去的教学评价，仅仅是通过学生对知识记诵的完成情况进行考核，这样的教学评价很难适应现代社会对学生的多元要求，所以，教师应该改变教学评价方式。

在课堂教学中，评价是必不可少的教学环节，它是建立在最近发展区理论的基础上的，比较学生已有水平和学习后达到的程度，并且把考核作为一种手段，促使学生得到进一步的发展和提高。从具体实践来看，应注意以下三个方面：

首先，进行教学评价之前，教师应该建立多元化评价标准。教师在教学过程中，应清楚地认识到评价应遵循的基本准则，遵循因材施教的原则，与不同发展层次学生相结合等，对思辨能力开展不同难度等级的评估。

其次，当学生在进行回答时，教师应及时给学生以答复，并且在快速思考之后，对语言表达进行逻辑性的评估，以此加强学生的质疑和推理能力。同时，评价主体不应限于教师层面，评价主体要多元，要全面调动教师、学生的积极性，调动家长和其他人员参加评估的主动性和积极性，从而构成多元评价主体，推动教学质量的提高。

最后，在对学生回答进行评价时，教师不能一味关注答案正确与否，更应对学生的表达态度、表达依据、表达状态进行整体性、过程性评价，综合利用诊断性评价、过程性评价和总结性评价，从而唤醒学生的思辨意识，满足不同教学阶段的需求，让学生会说、敢说，具有思辨性思考的兴趣。

所以，教师要坚持学习目标的指导，以课堂评价为载体，对教学进行调整改进，尤其

应在具体课堂教学实践中切实渗透过程性评价，对学生的学习能力给予充分肯定。另外，评价不应仅限于认知层面，应积极扩大评价维度，扩展到注重心理情感、元认知、社会发展等诸多方面，务必摒弃旧的唯分数甄别标准。

三、整合教学资源，实现阅读思辨化

（一）拓展阅读量，开展专题教学

阅读是思想的输入，是一种"吸收"，从阅读中，人们可以领受别人的经验、触摸别人的心情；而写作是思想的表达，是一种"发表"，从写作来看，我们可以展示自己的经验，吐露自己的心思。认知观也认为，阅读是输入，表达为输出，语文教学的重点就是让学习者学会在阅读中习得表达。思考作为阅读与表达的中介，和阅读与输入有机统一，通过阅读这一前提和基础，让学习者学会用"思辨性思维"进行表达。

在与教师的访谈中，不少教师都提过，阅读与表达本是一体的，要培养学生的思辨性表达能力，一定离不开思辨性阅读。如有教师结合自己的授课经验表示：教师要善于提取可用于思辨性阅读的素材，用于学生对文本的理解和探究。还要重视学生的阅读，阅读量上不去，表达能力怎么会好？

由此可见，对"思辨性表达"的研究不可能是孤立的，而应立足对"思辨性阅读"先决作用的关注，以"思辨性阅读"和"思辨性表达"为载体，对小学生进行思辨性表达能力培养。

何为"思辨性阅读"？这是首先要解决的问题。思辨性阅读运用判断、比较、推断、批判、想象和归纳等方法理解文本，使学生对文本的理解更多元化。据此，作者对"思辨性阅读"下了定义：学生能够积极主动、自主运用各种思维方法阅读和理解文本，并从以下三个方面展开了教学实践：

首先，深入挖掘教材，选择适合思辨性教学的内容。毫无疑问，依托教材的日常课堂教学应该是培养思辨能力的"主赛道"。教材文本为教师组织教学提供了重要基础，教学就是教师的教，学生的学、文本三者之间相互作用、相互对话的过程。提高学生的思维品质与提高阅读品质是密不可分的，而要想提高阅读品质，就必须依靠阅读量的不断累积，经历从量变到质变的过程。小学思辨性阅读包括四种学习类型：一是关于科学探究、技术发明方面的趣味文章；二是关于哲人的故事、寓言故事、成语故事及其他中华智慧故事；三是中华传统美德、社会公德短评、简评等；四是关于革命领袖的经典思辨性著作、短小精悍的思辨性文言经典等。在统编版小学语文教材中，有很多有关文本，能够为思辨性表达能力的训练奠定阅读基础。教师在阅读文本时，需要挖掘思辨性因素，汇聚阅读内容的思辨点，从而有效地训练学生思辨性表达。

其次，开展专题教学。采取专题化教学形式，把思维训练渗透于始终，使阅读变得集中且高效。语文专题教学脱胎于 PBL 理念的涌现。PBL 就是在特定的框架与条件中，让学生自主完成建构，致力于多元智能的成长与进步。专题教学作为一种新的教学模式，可以激发学生的阅读潜能，提高学生的学习能力。虽然专题教学在小学的研究非常少，但是我们可以借鉴过来加以利用。

最后，整合课内外教学资源。"生活就是教育"是陶行知先生的教育理念，它启示我们：任何东西都可成为教育资源。教师应根据学生思维发展的特点，在不同学段创设适宜的学习主题。随着网络环境的发展，一些可供讨论的社会热点事件可以用来即学即用，用作课后资源的补充，当成训练学生思辨性表达能力的素材。不过，小学生因受到年龄限制，辨别是非对错的能力比较弱，独立思考能力也不足，需要教师选取适宜的教学资源，为之创设一个良好的学习情境。一句话，课内与课外资源的整合，能充实已有的语文教学，能为进行"思辨性阅读"提供一个更宽广的视野，擦出思辨的火花。

综上所述，教师在教学中可以多开展思辨性阅读，让学习者在阅读过程中积累话语素材，丰富自己的语料库，从而在表达活动中拥有丰富的语言材料。同时，深入挖掘教材，开展专题化教学，进行课内外教学资源的整合，助力学生思辨性表达能力的培养。

（二）借助思维工具，搭建学习支架

教学中常见的思维工具有思维导图、统计图表、鱼骨图等。思维工具的优点是有效且直观，能够可视化建立联系，呈现思维过程。借助思维工具，学生能够有理有据、有条有理地清晰整理观点与阐述观点，使得表达更有序更主动，而不再是思维混沌的被动表达。借助思维工具的目的就是通过可视化的形式让学生看到自己的思考过程，掌握思维方式，从而完善思维品质。新课标重视学生在思辨性表达活动中产生的文字、图标、思维导图等综合性的学习成果，并能将其运用到学习和生活中。

首先，教师可以运用思维导图来发展学生的思辨性思维。思维导图能够引导学生在阅读过程中，结合文本，建构中心关键词进行发散思维，同时联系文本内容，一目了然地呈现阅读文本结构，有助于培养学生良好的思维习惯。

例如，在《走月亮》这篇课文中，文章总共出现过 4 次"我跟阿妈在月亮上散步"，教师可以指导学生使用思维导图，以"走月亮"为主线，向外延伸 4 个二级主题，以及教会学生运用思维导图对课文内容进行分段，最终引导学生从段落中分出 1~3、4~5、6~7、

8~9四部分。在思维导图的帮助下，教师带领学生从二级主题扩展到三级主题，对各部分所讲内容按顺序进行了提炼，例如，1~3自然段讲的是我与阿妈在小路"走月亮"的故事，阐述在小路旁边碰到的苍山和洱海的秀丽景色。在教师做出引导之后，学生就能迁移和应用，理顺其余几段的大意与细节，最后把全文串联起来。以思维导图为脑图工具，能直观地操作思维过程，帮助学生掌握思维方法、培养思维习惯，进而促进语文阅读教学质量的提升。

尽管小学生的认知水平是有限的，但并不表示其思维能力就弱。教师在让学生阅读课文时，应自觉凸显语篇关键词，这既有助于学生掌握核心要点，同时也方便学生使用简单词汇来描述。用思维导图这一动态语言取代阅读材料静态知识，极大地增加了同学们展现语言技能，渐渐地建立起练习的勇气和自信，并在分析、整理、归纳、组织语言的同时，增强了思辨性表达能力。

其次，教师能够为思维提供支架，让学生将自己的想法直观地呈现出来，以此来关注学生的思考过程，强化学生表达的逻辑性。"思维支架"是指对学生思维能力发展具有重要意义的认知要素或结构，即为学生思维活动建立起的基本框架或线索。"支架理论"用于思辨性表达教学，就是教师帮助学生搭建构建并内化为思辨性表达知识与技能载体。支架具有引导学生从不同角度分析问题的功能，是一种促进学生理解和建构认知图式的有效手段。教师可针对学生思辨性表达过程中不同阶段所遭遇到的质疑或疑惑，搭设脚手架协助学生完成有关作业。

总之，教师既可为学生搭建脚手架，也可研制出符合学生学习要求的脚手架，并和学生一起讨论脚手架的开发问题。教师可以通过脚手架培养学生的反思能力、语言表达能力及解决问题的能力等方面的综合素质。学生可以利用脚手架来解决各种问题，教师也可观察学生脚手架是否做好，发现其本身的问题所在，然后有效指导提问。等到思辨能力养成，习惯形成之后，支架就能撤开了。这就是教师能提供的学习资源，运用得当，能够大大促进学生的表达能力，使教学做到"有架可依"。

教师在课堂上有意识地教会学生运用找关键句、写关键词等学习支架去帮助学生梳理文本信息，提升学生的信息概括能力和思辨能力，此外，还搭建了"迁移"的支架，通过回顾三年级上册学过的找总起句的方法，让学生快速找出关键词句，做到了把学生的思维能力锻炼和表达能力训练相融合，从而收获了良好的课堂效果。

四、加强多方协作，促使培养合力化

小学生语文思辨性表达能力的发展，有赖于学校与家庭之间的合作支持，学生有思辨的潜能，具有表现的本性，因此，在不同的教育场所中须合理引导，从而助力学生思辨性表达能力经验的积累。

（一）发挥小组合作的力量

学校的教育理念和教师的教学风格对培养小学生的思辨性表达能力具有举足轻重的作用，这与本书的初衷是一致的，即在语文教学中培养学生的思辨性表达能力。如学校的教育理念中注重学生思辨力的培育，开设了相关训练思辨性表达能力的活动课程；教师的课堂组织模式关注了学生之间的深度沟通与交流，教学中注重思辨性表达方面的实践，均能对学生思辨性表达产生最为有效和直接的影响，并促使他们达到规范和要求。

在培育思辨性表达能力的教学中，要求学生在交流中形成观点碰撞，以点燃思维的火花。"自主合作探究式学习"属于思辨教学的范畴。所以，教学需要以学生为主体，鼓励同学间小组合作。以小组为单位进行合作探究，就是以"新课标"为依据，倡导学生的自主与合作，以探究学习为核心，全面构建课堂教学模式。这种合作学习方式，有利于学习效率的提高，同学们在互相交流的同时，促进其语言严密性、思维灵活性和创造性的提升。小组合作内容可围绕"思辨点"展开，"思辨点"是指能引起争论的点。教师可组织学生从引发认知矛盾之处展开思辨，创设合作探究的课堂环境。同时，在学生开展小组合作时，教师在教学中应做好指导，避免学生有小组交流但没有人指点，还有沟通的话题发生偏差。

学生依托小组畅所欲言，形成学习共同体，在小组这一表达平台上积极思考，充分表达，充分发展了学生的思辨性表达能力。总之，小组合作的课堂教学模式体现了生本理念，落实了学生之间的"互听－互学－互评"合作形式，具有广泛的课堂效用。学生各自借助同伴的力量，在协作中完成了思维的表达，在交流中潜移默化地提高了思维的品质，可谓一举两得。

（二）实行有效的家校共育

虽然学校是学生学习的主要场所，但是，儿童的全面发展，肯定是与家庭环境密不可分的。每个学生家庭成长环境不同，例如，家庭构成、家庭成员文化观念、家庭氛围等。因而家庭教育环境也千差万别。根据生活实际来看，文化水平越高，家庭对子女文化教育越关注，且更注重习惯的养成和能力的全面发展；和谐的家庭氛围还能使孩子们更愿意表现自己、思想更加活跃。因此，小学生的思辨能力受家庭因素影响较大，在对他们思辨能力进行训练的过程中，小学语文教师要加强家校间的协作。为了进一步发展小学生的思辨能力，在这期间教师可安排有关的培训和任务加强对学生家长的指导，使学生家长能用一种合理的、科学的方式培养子女的思辨能力。

比如，在五年级下册第 7 单元"我只是一个小讲解员"口语交际模块的教学中，教师首先要求小学生与家长进行实践。对父母而言，能凭自己旅游经验，询问儿童有关问题。对儿童而言，这一进程的回应不仅可以从知识层面上对儿童进行检验，还能增强儿童的应变能力。除此之外，在此基础上教师还应督促儿童对有关景点知识进行深层次发掘，培养学生的好奇心、求知欲，从而获得情感态度方面的满足。思维训练与改进离不开情感、态度、价值观的教育。从这个意义上说，思维教育也是人格教育，也是价值引导。

但从实际情况看，有些父母因为工作忙或别的原因，投入了更少的力量，从而忽略了对儿童思辨能力的训练。还有一部分家长认为培养思辨能力是教师的事情，自己也没有掌握这方面的办法，即便有心培养，没有这方面的技能也束手无策。鉴于以上情况，教师要加强与学生家长的交流，加强家校合作，做到家校共育，把训练学生思辨能力行之有效的办法悉数告诉学生家长，使学生的家长能掌握办法，才能更好地对儿童进行训练，使之具有较强的思辨能力。

综合以上内容可以看出，学生表达能力与思辨能力的培养将受学校、家庭等因素的影响，因此，有必要通过多方协作来实现凝聚合力，一起培养小学生的思辨性表达能力，促使他们的思维能力得到发展和提高。

第四章

小学生语文口语交际能力的培养

第一节　口语交际

一、与口语交际相关的概念

（一）语言与言语

语言是人类所特有的用来表情达意、交流思想的工具。它是由一系列符号汇聚而成的一个符号系统。在语言这个系统中，每个成分都是由声音和意义两个方面结合而成，缺少其中任何一个方面都不行，前一个方面是语音，它是语言成分的形式；后一个方面就是语义，它是语言成分的内容。语音和语义结合在一起，就构成语言符号。语言符号大小不等（包括语素、词、词组、句子等）。这些大小不等的符号形成了不同的层级，这些层级共同构成语言。

言语指说话或说出来的话，它是人们使用语言来传递某种信息的活动。语言潜藏在人的大脑中，说话是对语言的运用，说出来的话则是对语言运用所得到的结果。为了区别潜藏在人的大脑中的符号系统和对这个系统的运用，学者们把"说话"和"说出来的话"合起来称为"言语"。在"言语"之中，"说话"是"言语行为""言语活动"；"说出来的话"则是"言语结果"或"言语作品"。语言与言语密切联系又有区别。言语是语言的基础，离开了言语，语言就无法产生、发展；语言又是言语的支柱，没有语言，言语活动就无法进行。二者的区别在于：语言是传递信息的工具，言语则是对这种工具的具体使用。

（二）口语交际与言语

以交际为目的的言语行为存在于我们的社会生活中，它是发生在至少两个人之间的活动。以交谈为例，在同一时间里，至少有一个说话人、一个听话人。说话人组织话语的目的是表明自己的思想，同时也希望对方能够正确理解自己的话语，从而了解自己的思想。在这种情况下，说话人就得使用对方能够听得懂的语言，采用对方能够接受的说话方式，当然对自己的思维过程的表达也要让对方感到完整、清晰。除此之外，其还应该考虑言语以外的因素，比如说话要切合自己的身份、与对方的关系及说话的场合等。只有这样，才能很好地实现人际交往的目的。从这方面来说，两个人之间的言语行为的确比单个人的言语行为更具有社会性。我们把这种至少在两个人之间进行的，以人际交往为目的的言语活动，称作"言语交际"。而把上面谈到的纯属个人的言语行为，称作"个人言语行为"。

现代语言学之父索绪尔对言语之间的交际有过形象的说明。要在整个言语活动中找出与语言相当的部分，必须仔细考察可以把言语循环重建出来的个人行为。这种行为至少要有两个人参加：这是使循环完整的最低限度的人数。所以，假设有甲、乙两个人在交谈：循环的出发点是在对话者之一——例如甲的脑子里。在这里，被称为概念的意识事实，是跟用来表达它们的语言符号的表象或音响形象联结在一起的。假设某一个概念在脑子里引起一个相应的音响形象，这完全是一个心理现象。接着是一个生理过程：脑子把一个与该音响形象有相互关系的冲动传递给发音器官，然后把声波从甲的口里传播到乙的耳朵——这是纯粹的物理过程。随后，循环在乙方以相反的程序继续着：从耳朵到脑子，这是音响形象在生理上的传递；在脑子里，是这形象和相应的概念在心理上的联结。

（三）口语交际与口语

口语，就是口头言语，即口头表达出来的语言，而不是用文字写出的语言。口语表达是人所特有的一种社会实践活动。任何人只要作为口语表达者参加这种特殊的社会实践活动，就会综合地反映出个人的综合素质，特别是语言的交际能力。优秀的口语表达是一个人素质和能力的全面综合反映。这里的素质，主要包括思想境界、道德情操、知识学问和天赋秉性。能力则主要包括观察能力、思维能力、决断能力、记忆能力、表达能力、交际能力和应变能力。人的素质和能力综合形成一种潜在的文化储备，这种储备在特定的语境中，通过想象和联想、发挥和创造，可为讲说者取得讲说材料和讲说方式，从而为实现口语表达目的起到积极的支持作用。所以，从根本上讲，好的口才，是表达者学识、素养和能力的综合表现。

口语有着自身的特点，表现在如下三点：

1. 即时性

口语主要靠声音传递，其语音是转瞬即逝的，需要听众快速理解从耳边一掠而过的信息，因而口语的传播必然要受到时间与空间的限制。它不同于写在纸上的书面语那样便于流传，可以反复阅读；也不能仔细思考，字斟句酌地推敲。使用口语时，需要说者尽快将思维转换成言语，听者快速地把对方的话语转换成认知。现代社会的高效率化，要求人们说话言简意赅。

2. 情境性

口语是面对面的交往，有特定的场景。既包括说话的环境，也包括双方共同创造的说话气氛。在口语交际中，交谈者双方有很多意思彼此可以意会，有时说话者只要说出个别词就能代替全句，甚至用一个面部表情或一个手势，就能使对方了解自己的思想与情感。

3. 多变性

口语一般出现在临时应对的情况下，各种各样的问题、不同的场合与听众，使具体的口语如同不可控制的黑箱，又似无形的魔方，令交谈者双方都难以把握。若想取得良好的交际效果，使交谈在和谐愉悦的环境中进行，就需要交谈者双方随时留意对方的言谈，及时调整各自谈话的内容，而不能像书面语那样字斟句酌地从容准备。即使像教师讲课这样的独白语，也必须随时观察学生的反应，不断调整自己的表达方式和讲解内容。

而口语交际就是特定的人，在特定的语境里，为了特定的目的，运用语音手段传递信息、交流思想和交流感情的一种口语活动。口语交际是口头进行的信息交流活动，它研究人们如何在口头上使用好语言，以达到理想的交际效果。口语交际研究的对象不是一般的社交现象，而是对语言的使用。

（四）口语交际与普通话

普通话是现代中国人的共同语。

首先，推广普通话可以进一步消除方言隔阂，沟通不同民族之间的交际，有利于日益频繁的社会交往，有利于扩大商品流通和建立国内统一市场，有利于加强人民团结和民族团结，借此促进大好形势的进一步发展。

其次，在新的历史时期，各种交往日益频繁，特别是文化教育的普及和提高，科学技术的进步和发展，传声技术的现代化，计算机语言输入和语言识别问题的研究，都对推广普通话提出了新的要求。

再次，随着对外开放政策的贯彻执行，国际往来和国际交流越来越多，进一步推广普通话，可以减少语言交际的困难，促进国际交往。

最后，推广普通话并不是要人为地消灭方言，主要是为了消除方言隔阂，以利于社会交际。

总之，掌握普通话口语交际技巧，培养口语交际能力，要加强练习，细心揣摩。学好普通话，不仅要正确地掌握语音、词汇和语法，而且要掌握口语交际的技巧，能够在学习、生活和工作的各种场合，面对不同的对象恰如其分地进行交谈、发言、演讲、论辩等语言表达活动。可以说，说好普通话是口语交际的基础和工具，打好了基础，拥有了工具，目的在于实际应用。我们要重视口语交际技巧，在提高口语交际能力上下功夫。

(五) 口语交际与书面语

用文字写出的语言，叫书面语。书面语是在口头语言的基础上形成的。口语和书面语虽然都是交际的工具，但区别也是明显的。口语作用于听觉，书面语作用于视觉；口语受时空限制，瞬间即逝，不便保存，书面语易于传播和保存；口语灵活、生动，尤其与情境、手势配合以后，表意很丰富；书面语规范、严谨；等等。这些区别给口语和书面语带来一些不同的特点，使两者不可能完全一致。说话的时候，除了连词成句以外，还可以利用整句话的高低快慢的变化、各种特殊的语调、手势语及语境来表情达意。口语交际讲求效率，有这么多的条件可以利用，所以口语的用词范围可以比较窄，句子比较短，结构比较简单，还可以有重复、脱节、颠倒、补说，也有起填空作用的"啊，啊""这个""那个"之类的废话。书面语只能用别的手段来弥补不足：扩大用词的范围，使用比较复杂的句子结构，尽量排除废话，讲究篇章结构、连贯照应等。口语和书面语的这些差别是由使用条件决定的，它们是同一种语言不同的风格变异。

作为一个教师或学生，既要学好书面语，又要重视对口语的学习和训练。口语交际，就是交际者为了特定的目的，在特定的语境里，运用标准口语并辅以体态交流思想、传播信息、表达情感的一种社会实践活动。

(六) 口语交际与汉语方言

方言就是人们常说的"地方话"。它是通行于某一地点或某一地区的交际工具。语言学家们对方言的理解正是着眼于它的地域性，把方言看作是"语言的地域性变体"。我国自周代起就已经有了"方言"的概念，那时候对方言的理解就是所谓"殊方异语"，"殊方"指的就是不同的地方。把方言看作"地域性变体"，含有跟共同语相对立的意思，意味着对某些属于"地域性变体"的方言来说，一个全民族共同使用的，在本民族地区内不受地域限制的语言，无疑就是"共同语"了。就现代汉语来说，方言是经常被用来和普通话相对着说的。从语言材料来看，方言和共同语、方言和方言之间的关系可以用"同中有异、异中有同"来概括。

当前我国语言学界对现代汉语方言划分的意见还未完全一致，大多数人的意见认为现代汉语有七大方言。

1. 北方方言

北方方言是现代汉民族共同语的基础方言，以北京话为代表，内部一致性较强。在汉语各方言中它的分布地域最广，使用人口约占汉族总人口的73%。北方方言可分为四个次方言：（1）华北、东北方言；（2）西北方言；（3）西南方言；（4）江淮方言。

2. 吴方言

吴方言分布在上海市、江苏省长江以南镇江以东地区（不包括镇江）、南通的小部分、浙江的大部分。典型的吴方言以苏州话为代表。吴方言内部存在一些分歧现象。杭州曾做过南宋都城，杭州城区的吴语带有浓厚的"官话"色彩。吴方言使用人口约占汉族总人口的7.2%。

3. 湘方言

湘方言分布在湖南省大部分地区（西北角除外），以长沙话为代表。湘方言内部还存在新湘语和老湘语的差别。新湘语通行在长沙等较大城市，受北方方言的影响较大。湘方言使用人口约占汉族总人口的3.2%。

4. 赣方言

赣方言分布在江西省大部分地区（东北沿长江地带和南部除外），以南昌话为代表，使用人口约占汉族总人口的3.3%。

5. 客家方言

客家方言以广东梅县话为代表。客家人分布在广东、福建、台湾、江西、广西、湖南、四川等省，其中以广东东部和北部、福建西部、江西南部和广西东南部为主。客家人从中原迁徙到南方，虽然居住地分散，但客家方言仍自成系统，内部差别不太大。四川客家人与广东客家人相隔千山万水，但彼此可以用同一种方言交谈。客家方言使用人口约占汉族总人口的3.6%。

6. 闽方言

现代闽方言主要分布区域跨越六省，包括福建和海南的大部分地区、广东东部潮汕地区、雷州半岛部分地区、浙江南部温州地区的一部分、广西的少数地区、台湾省的大多数汉人居住区。闽方言使用人口约占汉族总人口的 5.7%。

7. 粤方言

粤方言以广州话为代表，当地人叫"白话"，分布在广东中部和西南部、广西东部和南部的一百来个县。它也是香港、澳门同胞的主要交际工具。粤方言内部分歧不大，四邑（台山、新会、开平、恩平四地）粤语、桂南粤语等虽都各有一些有别于广州话的语音特色，但仍能相互交流。粤方言使用人口约占汉族总人口的 4%。

客家方言、闽方言、粤方言，都随着华侨传布到海外。

方言作为中华传统文化长期以来存在于各地，也形成了独具特色的语言文化。在各地相互交流中，人们常感到方言不通所造成的很多麻烦，自然产生了对共同语的需求，普通话作为中华民族的共同语承担了这一任务。推广普通话也是大势所趋，这有利于口语交际的健康发展。然而，即使普通话在全国普及，在方言区的家庭里、各成员的交际活动中，仍然会自然而然地使用方言，从而形成了一个方言向民族共同语集中过程中的过渡阶段——方言和普通话并存共用的阶段。从某种意义上来讲，方言的存在也有其必要性和地区认同感，甚至有抢救方言的必要性。

（七）口语交际与辅助语言

人们面对面交谈时，其有声部分低于 35%，而 65% 的交际信号是无声的，即 65% 的"社会意义"是通过非语言方式传送的。

辅助语言是指有意义的声音语言之外的表情、表意手段，也就是说除了有意义的声音语言之外，一切可以用来表情达意的手段都属于辅助语言。与辅助语言手段可替换的术语是：副语言、类语言、非语言交际手段、非言语行为。从辅助语言传递的信息量来看，辅助语言绝不是简单地处于"辅助"的地位。

辅助语言主要有体态语、语境、音响语言三种。

1. 体态语

有人称之为态势语。它是通过表情、身姿、手势、目光等非语言因素传递信息的一种语言辅助形式，是口语交际的重要辅助手段。体态语作为一种视觉形象，虽然不能与有声语言相提并论，但其作用非同小可。体态语以众多的不同造型，描摹着事物的复杂状貌、传达着潜在的心声、披露着心灵深处的微妙情感。正因为体态语在表情达意方面具有直观性、生动性等特点，所以，这种非语言的交际形式自古至今被人们广泛使用。体态语有下面一些作用：

（1）补充、强化口语信息

在口语交际过程中，人体就像一个信息发射站，能够协调地配合有声语言传递信息。说话人的身姿体态、举手投足、神情容貌，始终伴随着他的有声语言，发送着各种信息。这种动态的、直观的身姿，作用于人们的视觉和听觉，拓宽了信息传输渠道，补充和强化了有声语言的信息，使有声语言更具魅力和感染力。

（2）沟通、交流情感

如果说"言为心声"，体态语则是无言的心声，是交际双方心理状态和思想情感的自然流露。人们可以通过体态语表情达意，也可以通过体态语观察、分析对方话语的潜台词，从而达到有效的交流和沟通。

（3）调控、引导交际

面部与身体的富于表现力的动作极有助于发挥语言的力量。在口语交际过程中，体态语所表达的情感信息往往具有暗示作用，可以调控、引导交际。在口语交际中，说话者或听话者有意识地通过表情、身姿、手势、目光等手段传递信息，可以调动或影响口语交际对象的情绪，启发或引导对方的思路，掌握口语交际的主动权，促使不利的、被动的局面转化为有利的、主动的局面，达到交际双方的顺利沟通。

2. 语境

"语境"这一术语，一般通译为英语的"context"，指的是话语的上下文，最早由波兰籍人类语言学家马里诺斯基（Malinowski）提出；后来经过英国伦敦学派的主要代表人物弗斯（Firth）加以引申，把"context"的含义从一句话的上下句扩展到一段话的上下段，甚至包括话语和社会环境之间的关系。弗斯把前者看作"语言因素的上下文"，把后者看作"情境的上下文"。这样，语境便有广义和狭义之分。

口语交际与语境有着非常密切的关系。口语活动无不依赖于语境，这是口语活动中一条极其重要的规律。通常一个人想把话说得符合语言规则并不难，但要使自己的话语符合语境的要求，说得得体，则不那么容易，可见在口语交际中语言环境的重要。从某种意义上说，口语表达的根本问题是适应语境的问题。

3. 音响语言

音响语言是一种有声而无固定语义的符号系统，比如音乐、音量、音质、语调及哭笑声、干咳声、叹息声、口哨声等。与语言所指"有意义的声音语言"不同，音响语言也是有声音的，但它是无固定寓意的音响符号，离开了语境将变得毫无意义。

音响语言的交际功能主要有以下三种：

（1）展示个性

每一个人说话的声音都不一样。声如其人，声音的高低强弱、轻重缓急，哭声、笑声、咳声乃至沉默无声等，都能表现出人物的性格特征。

（2）突出重点

人们说话的时候，声音总是在不断地变化，如果像念经那样平直，对方就什么也听不到了。这个声音上的变化，实际上就是我们对音响语言的运用。同样的一句话，声音的处理不一样，表达的意思就不一样。变化最大的地方，应该是最需要突出强调的地方。这个变化是相对而言的，整个句子读得轻而某一处字音重，重读的地方就是重点；相反，整个句子读得重而某一处字音轻，则轻读的地方是重点。

（3）渲染气氛

音响语言在一定的语境中会产生特有的交际效果。音乐、音量、音质、语调及哭笑声、干咳声、叹息声、口哨声等会在不同的情境和心境下表达复杂的感受，渲染现场气氛。比如声音的强弱、大小、高低、长短、升降等，都可供我们发挥。我们在说话的时候，应该自觉地运用声音的各种变化，来提高表达效果。

在口语交际过程中，人们应该注意把握尺度，运用好音响语言。首先出声要轻，尽量避免噪声的出现。比如当众咳嗽、打喷嚏、打哈欠等都不优雅，应克制。再如吃饭、喝茶时不应发出响声，以免影响他人，损坏自己的形象。其次是尽量不说没有意义的词，即俗话说的"口头禅"。有的人在说话的时候口头禅特别多，如"知道吗、告诉你说、反正、这个嘛、嗯、啊"等，显得架子大，瞧不起人，很容易使听者厌烦。最近几年，流行句首"那么"句尾"哪"，有的主持人甚至句句都带，好像这样就是口语化了，实际上并没有起到好的效果。

（八）口语交际与机器交流

高速信息化时代，要求人们讲话具有准确性、逻辑性和规范性。随着现代新科技飞跃发展，声音的留传技术和转换技术（录像机、电话、卫星通信等）日益更新，使口头信息的传递、储存、检索、转换进入了实用阶段。一些会听、会说的机器被加速研制，有些已经问世并投入了使用，如"机器大夫""售票机器人""机器工人""口传打字机""翻译机"等口语信息装置。这些装置的产生和使用，要求听、说的话符合语言规范、口语语法规范，用语要准确、符合逻辑。否则，机器人就无法听准、无法说准，就无法为人类服务。

人机对话是计算机的一种工作方式，即计算机操作员或用户与计算机之间，通过控制台或终端显示屏幕，以对话方式进行工作。操作员可用命令或命令过程告诉计算机执行某一任务。在对话过程中，计算机可能要求回答一些问题，给定某些参数或确定选择项。通过对话，人对计算机的工作给以引导或限定，监督任务的执行。该方式有利于将人的意图、判断和经验，纳入计算机工作过程，增强计算机应用的灵活性，也便于软件编写。

二、口语交际的功能

当今社会已跨入信息化时代，人们每时每刻都在繁忙的信息交流中活动着，口语交际在信息的传播中仍然起着互联网、信息技术等多媒体手段无法取代的作用，可以说口语交际已经成为世界交流最基本最重要的方式和手段。

（一）学校教育中的口语交际

学校教育中的口语交际主要内容：一是普通话学习；二是语文口语交际训练；三是教师职业口语再培训。普通话学习是基础和前提，贯穿各学科教学的始终；口语交际训练是语文教学的基本要求，要使学生能达到语文课程标准要求的程度；教师职业口语能力是教师从事教育教学工作必须具备的职业技能，教师职业口语训练建立在一般口语交际训练的基础之上，与教育教学的实际相结合，达不到教学要求的需要再培训。

学校教育中口语交际的目的和任务有以下四方面：

（1）教育学生热爱祖国的语言，积极贯彻国家语言文字政策，增强语言的规范意识。（2）学生能掌握汉语拼音的基本原理，能准确拼读汉语拼音，熟练掌握声母、韵母、声调的正确发音，能够说一口标准的或比较标准的普通话。（3）学生能掌握一般口语交际的技能，拥有良好的倾听能力和表达能力，掌握朗读、讲述、演讲、辩论等技巧，努力做到主题明确，吐字清晰，语调生动，感情饱满真挚。（4）教师能掌握职业口语的基本技能，能够根据教育、教学和其他工作情境的需要，调控声音的高低强弱，运用停连、重音、语气、节奏等声音修辞技巧表情达意，掌握各教学主要环节的用语技巧和各类教育口语的用语技巧，使教育教学语言准确鲜明、生动流畅，富有针对性、启发性、教育性等，提高课堂教学效率，提升教育质量。同时，教师应有能力对学生的口语表达和运用进行一定的指导。

（二）生活中的口语交际

现代社会是高交际化、高效率化、高信息化的社会，它对人们的说话能力提出了越来越高的要求。

高交际化，要求人们善于运用口头语言这个最直接、最便当的交际工具，要学会文明社会的交际用语，把话说得清楚、准确、生动、得体，使人愿听、使人爱听、使人感到动听，只有这样才能适应当今社会的需要。由于科技的发达，交通工具的先进，地球越来越小，经济、文化、外交活动日益频繁，人们的交际活动也越来越频密。为适应这一需要，一些经济发达国家的大公司在招聘公关人员、高级职员时，会把是否掌握说话艺术，是否才思敏捷、应对自如，作为选聘的条件之一。

现代社会的高效率化，要求人们把话说得清晰、简洁、易懂。这是由于时间宝贵，要讲究说话的效率。这种高效率的谈话，要求说话人思维敏捷、用语严谨、言简意赅，避免套话、废话、似是而非的话，句句让人听得真切。

三、口语交际与听话说话

口语交际概念的提出相对比较晚，目前绝大部分国家和地区仍然把这一内容称为听话、说话。下面我们将对这三个概念进行阐述，厘清其中的关系。

（一）听话

听话是人们日常进行言语交际的重要手段，良好的听话习惯和能力也是人们获取知识的主要途径。在人们的日常交际中，听是最基本的语言活动。

人们有近一半时间花在听话上面。随着社会的发展，电话、电视、网络已经成为人们生活中不可缺少的一部分，大量资讯通过各种渠道在最短时间内传送到我们的身边。如此大量的信息要求我们不但有良好的阅读能力，更需要我们有极佳的倾听能力，否则便难以适应飞速发展的社会生活对我们的要求。

另外，现代的社会生活对人际沟通能力提出了更高的要求。只有善于沟通，我们才能获得发展的机会，而沟通的前提和基础恰恰是倾听。因此，每一个人都应该学会倾听。

倾听能力是学好各门学科知识的基本功。日本教育界称这种能力为基础学力。对教师来说，拥有良好的倾听能力就更为重要了。教师要有良好的倾听态度，使学生乐于沟通；教师要有良好的倾听技巧，能与学生达成有效的沟通。学生要学会听话，专心致志，谦虚对待学习。

对听话的要求：能准确理解和把握对方表达的观点和态度，抓住内容的重点和关键，边倾听边分析总结、理解记忆，及时进行反馈，帮助对方把交谈进行下去。

1. 保持专注

专注指的是在听讲过程中集中注意力，把注意力指向对方和其讲话的内容。专注要求听话者全神贯注地听讲，并保持思维的积极活动。从听话者的表情来看，专注表现为神情镇定、目光集中指向对方，同时随着听讲内容的变化而产生情感变化。所以，专注还表现出一种积极的沟通态度，鼓励对方把话讲下去。专注是获取信息的保证。

2. 运用技巧听话

通过听觉接受口头言语信息，其目的是捕捉足够多的有效信息。由于语音传送具有单向线性的特征，声音转瞬即逝，带有不可反复的明显局限，另外，语音从四面八方进到耳朵里，听觉很难把"焦点"集中到某个特定的声源上。所以，听话时需要采用一定的技巧。

3. 反馈敏捷

反馈是指听话者在倾听过程中对说话者所说内容做出的反应。口语交际是听说双方积极参与的一个过程，口语交际能力强的人，都会积极地、有意识地对对方的话语做出反馈，利用有声语言或体态语表达自己对话语的态度，鼓励、帮助对方把话讲下去，从而完成口语交际过程。

（二）说话

这里所指的说话能力是指言语表达能力，是指用口头语言来表达自己的思想、情感，以达到与人交流之目的的一种能力。在日常生活交往中，人们更多使用口头语言，口头语言比书面语言起着更直接、更广泛的交际作用。现代社会的发展对人们的口头表达能力提出了越来越高的要求，对教师来说，表达能力尤为重要。无论是"传道"还是"授业""解惑"都要通过教师的口语表达来完成，表达能力如何，直接影响到教师完成教育教学工作的质量。可以说，表达能力是教师职业技能的核心能力之一。同样，教师在教学中也要让学生学会说话、积极表达，让他们敢于说、乐于说。

说话的要求如下：

1. 语音标准，声音饱满

语音标准，指的是说话者能运用标准的或比较标准的普通话进行表达。教师必须有良好的语音素养，努力克服方言语音的影响，能运用标准的普通话交流。学生要学习普通话发音，掌握汉语拼音，纠正读音。在说话的时候，我们特别要注意口齿清楚、声音洪亮、语气连贯。其中吐字归音、共鸣充分是很重要的技巧。吐字清晰，通俗地说就是口齿要清楚。它要求说话者在表达的时候要有力，声音松紧适宜，而且富有弹性。

2. 中心明确，用词贴切

说话者把自己的思想转化为语言的过程是一个语言编码的过程。在这个过程中，要求说话者能抓住关键性的概念和语词围绕中心展开论述，条理清楚，逻辑严谨。遣词造句时，说话者在中心意思的引导下迅速在自己的词汇库里搜索到合适的语词，同时根据一定的语法规则把语词组织起来。这就要求人们有一定的语词积累，否则就无法找到合适的语词来表达。词能达意，贴切自然，是表达的基本要求。

3. 结构完整，条理清楚

说话的中心是否明确、条理是否清楚，体现了说话者思维的素质。说话的中心是通过结构和条理来体现的。说话要求主旨鲜明，重点突出，有头有尾，思路清晰严密，层次分明。这样的表达言之有物、言之有序、言之成理，才能阐明己见，说服对方。

4. 体态得宜，表现力强

为了提高语言的表现力，口语表达需要运用一定的技巧来提高效果。如根据内容的需要，采用停连、重音、语气、语调等表达技巧，使需要强调的内容得以凸显，使平淡的句调富于变化；通过节奏的变化，形成语言抑扬、错落之美，促进听者对语意的理解和把握。

5. 辅助手段，丰富表达

体态语是口语表达的辅助手段，也是增强口语表达效果的重要手段。在表达的过程中，我们可以运用眼神、表情、手势、身姿等手段，增强语言的表现力。比如，表达爱的情感，双眼充满柔情；表达恨的情感，怒目而视；表达喜悦的情感，面带微笑；表达痛苦的情感，愁眉苦脸；等等。恰当运用体态语，不但可以充分表达自己的思想，使听者更好地理解说话的内容，而且可以促进听说双方的情感沟通，使双方产生情感的共鸣。

（三）口语交际

口语交际能力是现代公民的必备能力。教师应培养学生倾听、表达和应对的能力，使学生具有文明和谐地进行人际交流的素养。这一理念贯穿有关"口语交际"的目标表述和教学建议中。

义务教育阶段"口语交际"的总目标为：使学生"具有日常口语交际的基本能力，学会倾听、表达与交流，初步学会运用口头语言文明地进行人际沟通和社会交往"。同时按九年一贯制的思路，整体设计，分四个学段提出了阶段目标。这些目标，从现代社会对未来公民素质的要求出发，着眼于全面提高学生的语文素养，对口语交际教学提出了明确而具体的要求。

这其中核心的意思是"交际"二字，即必须重视口语交际的人际交往功能。口语交际是人与人之间的交流和沟通，它是听方与说方双向互动的一个过程，不是听和说的简单相加。所以，双方在应对中的情感态度十分重要，表现为人际交往的文明态度和语言修养，如自信心、勇气、诚恳、尊重对方、有主见、谈吐文雅等。

四、语文教学中的口语交际

前文大多论述的是总体层面上的口语交际，包括成人口语交际、言语交际、普通话学习等。下面我们将重点就小学语文教学里的口语交际进行概述，研究、分析、总结口语交际的发展变化。

（一）口语交际与汉语拼音教学

汉语拼音是学生入学后首先接触到的语文学习内容。它作为识字正音的有效工具，作用不可忽视。但是不少学生感到拼音抽象、枯燥无味。的确，儿童从入学那天起就经历了一个以游戏为主要活动到以学习为主要活动的重大转变。游戏是一种娱乐，学习是一种个体的智力劳动。这对孩子来说，是一个全新的开始。对他们来讲，因为不识字，交流主要是口语层面上的，因此，学习汉语拼音的过程需要口语交际作为媒介。

要让刚刚入学的六七岁儿童面对单调、枯燥的"符号"，顺利地通过语文学习的第一关，教师就必须准确地把握他们的心理特点。教师可以从下面四方面通过口语交际活动来完成拼音教学。

1. 通过联想，开展活动

在教学过程中，教师应采取做游戏、讲故事和其他生动活泼的形式，尽量将拼音字母形象化、拟人化，促使学生展开自由的联想和想象，把拼音字母同生活中的具体物象联系起来，变成有趣的内容，营造一种轻松愉快的学习氛围。教师要有目的地调整儿童的情绪，让学生在愉快的情绪中提高学习效果，在兴趣的支配下进入"乐学"的境界，为今后的识字、学习普通话打下扎实的基础。

2. 创设情境，寓教于乐

教师要利用课本图画、多媒体课件、讲故事等手段，把学生带入情境，从而使学生在愉悦、宽松的情境中积极主动地利用口语交际参与学习。在具体的活动中，可以通过口语交际交流，让学生从听与说中学习汉语拼音。创设情境的方法如下：

（1）利用插图创设情境

引导学生仔细观察课本中的插图，创设具体的情境。

（2）利用故事创设情境

小学生的心理特点是最容易接受一些生动具体而有趣的知识。教学中，教师可讲述一些与课文内容紧密相关的趣味故事，营造一种愉悦的氛围，帮助学生熟记拼音知识，培养想象力和创造力。

（3）利用语言、动作创设情境

教师可根据学生善于模仿的特点，利用语言、动作创设情境。

3. 合作交流，互教互学

教师要多给学生提供合作学习的机会，让他们互相学习、互相交流、互相帮助。小组合作交流，让每一个学生选择最擅长的学习方式，运用已掌握的知识和大家通过口语交际互相交流。提倡学生之间以"我会读""我教你""你教我""我帮你"的心态共同学习，为学生营造无拘无束的口语交际学习环境，形成每个学生既是教师又是学生、不断变换角色、互教互学的局面。

在合作交流中，努力提高学生的口语表达能力，充分发挥每个个体的聪明才智和群体学习优势，提高每个学生参与学习的概率，增强合作意识，满足孩子社会交往的需要。合作学习中，由于教与学的角色不断变换，在生理上也减轻了儿童的疲劳反应、增强了学生的学习兴趣。经常让那些已基本掌握了汉语拼音的学生登上讲台当小老师，充分发挥学生学习的主动性和积极性，能以"自我实现"的方式满足学生当众"展示"的参与欲望，体验成功的喜悦。

这样，课堂上师生共同探究，学生反复实践，在喜学、乐学的氛围中提升口语交际能力和汉语拼音运用能力，并能举一反三，触类旁通。

4. 课内学习，课外补习

低年级学生的记忆特点是"无意识记"。考虑到这一心理特点，汉语拼音教学单靠课堂是不够的。教师应充分利用课余，通过讲故事、制作卡片、朗读比赛、阅读注音故事等多种形式，让学生课外通过口语交际进行交流，使显性教育与隐性教育相结合，丰富识记的手段，提高识记的效果。

我们的教学不能只要求学生学会感兴趣的东西，我们在利用"无意识记"的规律时，在口语交际教学手段下，还要把发展培养学生"有意识记"的习惯放在重要位置。及时督促，使儿童的有意注意由被动到主动，逐步达到自觉集中注意力的效果。长此以往，学生良好的注意力便会形成。

（二）口语交际与写作

小学生学写作是从写话开始的。现在学校里学生学习的语文，更接近口头语言，尤其是低年级语文，生活词语丰富，便于学生学习说话和写话。

儿童入学后，口头语言和书面语言要协调发展。在学习语文和其他科目的过程中，儿童口头语言所使用的词汇逐渐增多、句式逐渐丰富，那么，书面语言中的词汇量和句式也就会随之增加。儿童口头语言和书面语言的协调发展，首要的是要指导他们不断地、有目的地将现有的口头语言进行加工、改造。低年级学生的书面语言还不熟练，更须充分利用"练说"来指导写话。中高年级学生在有针对性地练说之后，也会提高写作能力。

说写组合的训练，各个年级均可安排，常用的方式如下：

（1）说后抄写。儿童练说后，教师将说的话语写在黑板上，让他们抄下来，这就是最初步的写话练习。（2）说后写话。练说后，教师指导儿童把话写下来，即"我手写我口"怎么说就怎么写。（3）先重点练说后写作。中高年级学生写前如有困难，便可指导他们有重点地说，然后再写。（4）口头作文后练习书面作文。（5）按照书面提纲进行练说。这就是先写后说的形式。当学生口头发表的内容较多时，可先列书面提纲，使讲述有条理。

说、写组合的方式多用于阅读课、作文课和低年级的说话课。训练中要教学生理清思路，学说通顺连贯的话。如果练说的话较多，写下来还有困难时，写的要求可放低一些，有时可指导学生只写其中的某一部分或主要内容。还要根据儿童说、写的反馈信息，切实进行评析，提高说、写组合训练的效率。

以说促写是我国作文教学的宝贵经验，先口头作文后书面作文也是作文课常见的教学程序。口头作文不仅能使口语交际和书面交际得到有效的沟通，也使学生的口语交际能力得到很大的锻炼。在作文教学中培养学生的口语交际能力，除了要重视从口头到书面的训练外，还必须重视从书面到口头的训练，让学生说了写，写了再说，使学生在训练中体味书面交际和口语交际的区别。

（三）口语交际与阅读

小学语文教材中的每一篇课文都蕴含着丰富的知识。我们可以利用课堂教学的各个环节，创设尽可能多的机会让学生进行口语交际，交流各自学到的知识和技能，表达自己的感悟和体验，并引导他们在交际时做到言之有物、言之有序，提高他们的口语交际能力。具体的做法包括以下四方面：

1. 利用插图"观察说"

许多课文都附有生动有趣的插图，教师可以利用这些插图唤起学生的观察、联想和说话的兴趣。

2. 借助情节"复述说"

曲折生动的情节是激发学生进行口语交际的重要因素。复述时也要明白与人合作、先人后己的道理。教师可以板书情节发展的脉络，让学生借助情节把课文复述出来。

3. 填补空白"想象说"

许多课文在内容中留有"空白"，教学时教师可引导学生展开丰富的想象，运用自己的语言去填补空白。

4. 身临其境"表演说"

许多课文都是优美的童话，教师可充分利用学生喜欢表演童话剧、课本剧的特点，再现童话情境，训练口语交际能力。

(四) 口语交际与综合性学习

人教版语文新课程实验教材把口语交际与综合性学习合编在一起，体现内容和方式上的互融。口语交际教学具有独立性，不一定要与综合性学习结合起来，但综合性学习可以为口语交际提供丰富的内容、真实的情境，更容易实现口语交际的真实性和交互性。

在语文综合性学习中，主题或问题实现的需要自然可以催生各种口语交际类型的形成，如果有意识地加以利用和规范，能够提高口语交际的效率和质量。语文综合性学习中的口语交际从不同的角度可以分为不同的类型。从交际主体的需要看，可以分为被动交际和主动交际；从交际的对象看，可以分为同伴交际和社会交际；从交际行为的产生看，可以分为预设交际和随机交际。语文综合性学习对口语交际的建设性意义在于促进学生主动交际、社会交际、随机交际的行为发生，之所以说这些具有建设性意义，是因为它们与学生的内在需要相联系。

在无意识口语交际的综合性学习中，客观上也会产生许多交际行为，而教师如果有意识地把口语交际结合进来，则会发现一个综合性学习具有形成各种交际点的可能性。课堂教学中，分析综合性学习中的交际点可以从两方面看：一方面是教师和学生都无意于交际活动，但在探究过程中自然形成了交际活动；另一方面，综合性学习中潜藏着交际活动的各种可能。也就是说，语文综合性学习与口语交际是有机融合的，在开展综合性学习活动时应有"乘机"进行口语交际的意识，使探究活动与口语交际相得益彰。

课堂交流展示可以用口头表达的形式，也可以用非口头表达的形式。口头表达形式除了陈说成果外，还可以通过设计使之具有更强的交际功能。非口头表达的形式也可以设计交际点，然后围绕成果开展口语交际活动。比如综合性活动中用手抄报来表现成果，如果把手抄报在教室中张贴出来，制作者解说手抄报内容的选择、版面的设计等，其他同学提出问题讨论交流并做出合理评价，小组讨论总结收获与不足，明确今后努力的方向等，这就是一次可以预知效果的口语交际活动。口语交际活动可以保证综合性学习活动的自主性。

第二节 小学语文高效口语交际课堂的构建

一、小学语文口语交际教学的理性思考

（一）口语交际的内涵及基本特征

"口语交际"，顾名思义就是由"口语"与"交际"两部分组成。"口语"是日常生活里用于口头沟通的语言，"交际"则指人与人之间在交流的基础上，建立一定的人际关系。广义的口语交际是，以口语为载体，实现人与人之间往来的活动。狭义的口语交际是，交际双方或多方在特定的环境中，为达到一定的目的，采用合适的方式，运用口头语言传递信息、表达情感、交流思想的一种双向互动的言语活动。"口语"作为载体，也是一种表达手段，"交际"则是口语交际活动的目的，实现这一活动的条件是参与者们"面对面交流"——实现信息即时同步的交流，也就是在场。因此，"口语化""交互性""面对面交流"是口语交际最为突出的三个基本特征。

"口语化"，主要以口语语体为主，俭省，少用修饰词，常依据具体情境省去主语、背景介绍和关联词等，整体不追求句式完整和语法规范，以简洁、明了、自然为表述原则。

"交互性"，口语可以是单向的，也可以是多向的，而交际必须是多向的，即"你有来言，我有去语"。交流者要根据对方的言语行为适时地调整自己说话的内容和方式，须掌握一定的应对技能——倾听、记忆、判断、组织、应对、监测与调整。

"面对面交流"，也称为"在场"，不同于写作或是阅读文章，口语交际的言语双方都是在真实可感的时空中实现"面对面"的交流，主要表现为交际者对"场"的适应与利用。"信息场"中，对话者除了说，还要兼顾听、看及思考判断。介入这一过程的不仅是语言，还包括性格、身份等社会文化因素和时间、群体等环境因素。"在场"常常影响人的表达内容与形式，如语速、声调，甚至是神态举止等。

（二）口语交际教学的概念及价值

口语交际教学就是在教师的引领下，借助交际环境的创设及交际活动的展开，学生伴随着听说过程，自觉分析语言材料，综合各类信息，重组表达内容，输出个性语言，有效应对，是不断提高口语交际能力的过程。区别于传统的"听说训练"，口语交际并不是单向的、自我式的静态言语表达，而更侧重双向的、互动式的动态言语表达，强调培养学生

的交际能力。口语交际教学的目标就是培养学生应该养成的，而在日常交际情境中难以自然习得的能力。

将日常生活中频繁的口语交际活动浓缩于有限的课堂，意味着教学的核心不再是重复日常，而是借助教师和同伴的引领，学生可以在口语交际过程中感受交际的环境，清楚交际目的，明白与人交际的意义，发现自身存在的交际问题，习得有效的交际方法，不断提高口语表达的水平和对"场"的控制能力。课标表明，经过小学阶段的口语交际学习，学生应该拥有基本的日常交际能力，学会有效倾听、正确且流利地表达及和谐地交流，初步学会用口语展开文明的沟通与人际交往。总目标点明了，口语交际教学的目的在于使学生在日常生活中具备基本的口语交际的能力，教学的重点是使学生学会有效地倾听、清楚地表达、和谐地交流，口语教学也兼顾学生文明礼貌、三观及审美情趣的养成。而口语交际教学所能做的，就是在有限的课堂中，参照学生携带的语言基础，展开示范，引领他们掌握方法并归纳活动的规律，进一步缩短摸索的时间，来帮助学生更好地获得经验，这正是其教学价值所在。其中，有规律、有逻辑地训练学生的口语交际能力是其教学的最大意义。

（三）小学语文口语交际教学的基本任务及特征

小学语文口语交际教学基于课程标准提出的总目标，结合具体学段的教学实践，强调每一时期口语交际教学的基本任务：培养学生良好的倾听习惯，培养学生理解语意的能力，培养学生整合信息的能力，培养学生判断话语的能力，培养学生内部组织能力，培养学生口头表达能力，促进学生养成良好的表达习惯。

当这些口语交际教学的基本任务落实到课堂中时，进而突出了口语交际教学较为显著的特点。

1. 教学具有层次性

首先，教学内容具有层次性。比如，每册苏教版小学语文教材的练习单元中都设有不同类型的专题，这些专题在话题设置上多是贴近各学龄段儿童的生活认知，学生能切实掌握口语交际的相关知识，并能运用到具体生活实践中去。随着学段的增加，专题训练也由易变难、由简单变复杂，这遵循了学生身心发展的规律，层层递进地培养了他们的口语交际能力。

其次，教学目标具有层次性。第一学段重视学生良好的倾听习惯的培养，追求可以用普通话清晰、完整表达的倾听效果。第二学段将教学重心放在了"巩固"与"提高"上。倾听时要能够抓住主要内容，独立思考，敢于与人商讨、向人请教。在表述上，既要做到将见闻讲述得清晰明了，也要具有自己个性的感受和体悟。第三学段则强调听说习惯的内化及如何在不同的场合，面对形形色色的交流对象，增强表达的灵活性，并能准确应对。

2. 教学具有情境性

口语交际中交谈往来讲究"得体"，即文明和谐地进行人际交流，这种素养只有借助具体的交往情境，不断地实践习得。它服务于实际生活，"教学场景生活化，学习活动情境化"，以问题驱动的方式展开口语交际教学。口语交际教学情境的设计要具有真实性、趣味性和可行性。

3. 教学互动性强

口语交际是听与说双方的互动过程，是师生在贴近现实生活的情境中展开双向或多向对话的一种教学活动。师生都要根据言语对象即时的语言和行为表现，不断地调整自己表述的方式与内容，以达到有效沟通的目的。口语交际这一"对话"的互动性与学生讨论、师生问答不同的是，教师有意识地、自觉地从口语交际教学的角度来组织教学活动，评价学生的发言，帮助学生进一步掌握口语交际的知识，点明学生在课堂上进行口语交际时普遍出现的问题，矫正不当的言行表现。师生围绕"互动"，形成倾听、组织、应对和交流的基本交际能力。

交际双方在展开口语交际活动时，所拥有的信息渠道相对来说是畅通的。随着口语交际的需要，交际双方适时转换角色，建构信息传递的立体结构，处于双向互动的状态，凸显互动性。在话题上，双方虽然起于同一话题，但随着交际内容的不断深入，还要不断地调整话题，重构口语交际的情境，使交际内容在双方互动中向前逐步推进。在信息传递上，既有单向表达，又有双向或多向的信息交流，"信息流"连接着交际双方，成为交际的纽带。交际性的特点启示我们，在教学设计中要关注话题下交际情境的创设和双方互动的调控。

4. 教学具有综合性

口语交际教学本身就具有一定的综合性，具体表现是在语文教材中口语交际教学虽然嵌连在单元练习中，但是没有明显的专题性，也没有很强的系统性。这一特点从侧面反映出，在口语交际教学时并不能将不同类型、不同情境、不同学龄段等口语交际的知识技能、过程和方法及情感态度和价值观作为一个系统来进行教学，也不能孤立地、静止地讲这些，而要将口语交际训练与口语交际相关概念紧密结合进行教学，在口语交际训练中认知有关口语交际的相关概念。此外，口语交际教学的综合性还表现在文道融合、思维审美的统一。只有把口语交际教学与思辨审美等能力培养结合起来进行综合训练，口语交际教学才有深度和力度，才能培养出真正具备口语交际素养的人。

因此，口语交际教学着眼于学生整体的发展，要求语言表达得体、规范、情物兼具，对学生的认知水平、心理素质、组织表达能力、思维敏捷度等都提出了具体标准。口语交际教学应融合知识、技能和情意，应力求教学目的、内容与形式的多样化，以此促进学生综合素质的协同发展。

（四）小学阶段口语交际教学的必要性

1. 课程设置的需要

口语交际课程有明确的教学目标，课堂上所培养的语言交际能力多是日常生活情境中无法习得的，或相对高于自然习得的语言能力。在语文课程诊断、反馈、激励的作用下，教师积极地进行知识、技能和情感的正确引导，使学生的口语交际能力得到快速提升，从而有效促进学生素质的全面发展。因此，有效提升学生的口语交际能力，设置口语交际课程，进行口语交际教学显然是有必要的。

2. 学生发展的需要

语言习得存在关键期——从出生到青春期，即 2~12 岁，而小学阶段恰逢关键期的末期。在此阶段，训练学生进行理性、规范的语言表达，往往事半功倍。此外，契诃夫曾指出："儿童有一种交往的需要，他们很想把自己的想法拿来跟同学、教师分享。"现如今，口语交际能力已成为人们的必备素养，培养小学生有效地倾听、正确且流利地表达、及时应对等多方面的交际能力，刻不容缓。因此，把握关键期，满足并优化儿童交往，在小学阶段开展口语交际教学是有必要的。

3. 教学结构最优化的需要

口语交际教学的一个重要思想是由对称性交际的"说"到非对称性交际的"写"的过渡，让学生在具备一定的听说能力的基础上，经过"听、说、读、写"综合能力的训练，学习如何有效地进行口语交际。口语交际课程侧重于听、说、读、写、做等多样技能的反复训练，以层层紧扣的知识系统为基础，多角度设计口语交际教学活动，构建前后衔接的教学体系，实现最优化的教学结构。因此，为推进教学结构最优化，实施口语交际教学是必要的。

4. 语文学科人文性发展的需要

教学以"立人""立言"为宗旨，时常照应着学生的内心世界。教法既引导学法，更感染着彼此的心灵。口语交际教学过程中，不仅有知识技能的传授，而且也伴随着一定程度的情感、态度与价值观的观照。比如，口语交际训练时，教师会针对不爱讲话的同学，用"你真棒""非常好"等激励性的评价，帮助学生克服心理障碍，激发交际兴趣。在民主、和谐的课堂氛围下，教师可借助"自我介绍""夸夸我同学"等口语交际活动，培养学生良好的交际态度，加深彼此的情感交流。

二、思维导图在口语交际教学中的应用

（一）思维导图运用于小学语文口语交际教学中的可行性

1. 在小学语文口语交际教学中运用思维导图畅通了思维与语言的联结

思维是人脑的功能，是对客观现实的反映；语言是实现思维，巩固和传达思想的工具。思维和语言是人类意识反映现实的两个相互关联的方面，它们的统一构成了人类语言思维的独特形式。思维是语言通向现实的桥梁，而语言则是人类进行思维的工具。但是，在很长一段时间的教学中，思维能力与语言表达能力却是两个割裂开来的领域。我们经常会看到一些会做题、会考试的孩子，语言表达能力却有所欠缺，或是口语表达能力较强的孩子，逻辑思维能力又差那么一点儿。为什么思维和语言这一对密不可分的"孪生兄弟"在孩子成长的过程中没有得到均衡发展呢？究其原因，还是我们太缺乏在这方面进行针对性训练了。在小学语文口语交际中，教师运用思维导图进行教学这一新思路，便能有效地打通思维与语言之间的壁垒，很好地实现思维与语言的相互促进、同步发展。

2. 在小学语文口语交际教学中运用思维导图符合交流与沟通的原理

人跟人之间的交流沟通不在于讲什么，而在于对方接收到什么。"说"只是开放一条管道，释放出信息给对方，对方听进去后，理解了什么，就不是"说"能控制的。所以，与他人交流沟通，需要顾及对方的思考与理解能力是否跟我们一样，这样才算是有效的双向沟通。运用思维导图最常见的两种方式：一种是跟自己沟通，另一种是与他人沟通。当你面对一个口语交际的话题，脑海中一片混乱，理不出一个头绪来时，可以通过绘制思维导图，让混乱的思绪渐渐厘清。只要眼睛看着思维导图关键词之间连接的线条，就可以协助大脑快速地回忆起所有相关点的内容。这是一种自我审阅后的思考记录。

与他人沟通时，通过思维导图图文并茂的呈现方式可以减少对方接收信息的误差。每个人的思考逻辑力不同，看到同一件事情不见得会产生相同的想法或行动，因此使得沟通常常发生误解。思维导图则可以把我们脑中的思绪用关键词与图形呈现，再通过语言引导对方按照我们的思路理解我们所讲述的内容，这不仅能减少误解，还能提高双方的理解程度。

3. 在小学语文口语交际教学中运用思维导图满足了不同类型学习者的需求

根据研究，人类有三种不同的沟通与学习方式，分别为视觉型、动觉型、听觉型。大多数人的学习都包含这三种学习形态，但我们会自然偏向使用自己喜爱的类型。思维导图则刚好可以满足这三种学习形态的需求。

（1）视觉型学习者

视觉型学习者的学习方式往往倾向通过眼睛来学习，喜欢看图画、表格、影片等。而思维导图利用图画、文字、符号、形象、颜色等多种表现方式，刚好可以把信息以视觉的效果呈现出来。

（2）动觉型学习者

动觉型学习者则倾向通过身体活动，直接参与学习，喜欢用手触摸、使用、制作、亲身体验。而思维导图在融入绘画的过程中，也需要不断地用手画出线条与图案，具有参与感和体验性。所以，对动觉型的学习者来说，学习思维导图可以协助他们不断地进行同步思考并运用思考内容。

（3）听觉型学习者

听觉型学习者习惯通过耳朵、嘴巴来学习。他们喜欢听演讲、录音、讨论事情、辩论，通过声音进行思考。他们在阅读时会出现口读、心读的内心声音，或在听别人说话时心中会出现旁白。由于大脑思考的速度比声音传递的速度快，因此，会有灵光乍现又随即消失的想法，有时还会进入一种连自己也无法察觉的死胡同里，不断地绕圈圈。这时思维导图就可以轻易地帮他们捕捉、记录这些乍然一现的想法，同时也可以把思考脉络很清晰地呈现，避免他们进入思考的死胡同。

（二）思维导图的绘制

1. 绘制思维导图的方法

思维导图借助图表来分析问题、理清思路，有八种绘制形式：圆圈图、树状图、气泡图、双重气泡图、流程图、多重流程图、括号图、桥形图。而我们最常用的是中心发散性的树状结构图。这种思维导图的设计和绘制的特点是简单、易懂、操作性很强。由于其自身就有一定的便捷性，从某种程度上说，只要准备好笔和纸就可以绘制出一个思维导图。通常情况下，中心话题都是标注在纸张的中心位置，之后采用各种颜色、粗细、形状及箭头标志，逐渐地链接出一层一层的子话题，依次层层推展开来。

2. 绘制思维导图的原则

（1）选好关键词，突出重点

中心主题和子主题的提炼过程是对思维高度概括的过程，关键词选取是否恰当直接关系到整张图的质量。因此，选取关键词一定要从整体上去把握。至于突出重点的方式则有很多，如选取比较有刺激性的颜色、线条、图形、字体等，都可以达到这一目的。

（2）图形简洁清晰，一目了然

思维导图承载着较大的信息量，如果不能清晰地将这些信息合理分类，有序地呈现出来，就很难发挥它的作用，反而会使思维陷入一团混乱。这时，就对我们的信息加工、整理、分类、概括的能力提出了更高的要求。一张好的思维导图一定是化繁为简、变难为易、简洁直观、清晰明了的。

3. 绘制思维导图的思考方法

（1）水平思考

水平思考就是加大思考的广度，突破自我设限的思考。在思考的过程中，强调通过"自由联想"，让思考像脱缰的野马一样，想到什么就写什么，强调思考的数量与流畅度，想得越多越好。水平思考的关键在于"联想力"，而不是"判断力"。所想出的内容先不用对错去评定，针对问题以直觉的方式直接提出解决方法，培养各种看待事情空间角度的能力。水平思考是一个培养创意的过程。

（2）垂直思考

垂直思考是一种逻辑式思考，讲究顺序严谨、逻辑推理的合理性。我们要养成追根究底的习惯，运用"判断力"一步步地深入问题，找出答案，并把焦点聚集在找出最好的方法上。垂直思考是一个把创意变成创造力的过程。

（3）分类思考

在绘制思维导图时，最重要的是分辨出主次关系。思维导图分类的思考可以从两个方面来引导思考的方向：第一个方面是探究本源，找到事物的相同点与不同点，并进行分类；第二个方面是分析主次，确定好事物之间的从属关系。在思维导图中，支脉的关键词的作用主要是用来辅助说明主脉的，越重要的关键词会离中心主题越近。

4. 绘制思维导图的实用技巧

思维导图的有效性在于其形状和形式的多样性。思维导图从中央发散出去，使用曲线、符号、文字、颜色和图片来形成完全自然的有机组织。

（1）主脉线条一定要由粗到细

这样更能表现出与主题紧扣的关联性。同时，也要把线条的颜色填满，增加色彩的强烈度，让大脑更有印象。分支是否要由粗到细，则可以随意。你可以像树枝一样每一个层次都是由粗到细，也可以从第二个层次开始就全部用细的线条。

（2）主脉排列要求放射状

因为一个信息从大脑的神经元传达到多个神经元时，最有效率的方式就是以放射状来达到同时传递的效果。

（3）主脉采用顺时针方向

这是我们大多数人的视觉习惯。支脉的排列一定是由纸张的上方到下方，脉上的文字在书写时的顺序也一定是由左到右。

（4）线条画成有律动感的曲线

仔细观察自然里的东西，直线的存在少之又少，人造的东西有许多都是直线。用思维导图的方式来思考，就是希望不要给大脑设下限制，所以最好不用直尺画出人造的线条。当然，线条也可以加入一些自己的创意变化。线条尽量要流畅，这样视线移动才会流畅。

（5）活用色彩，增强记忆力

颜色越丰富、越饱满，留在大脑中的印象就会越深刻。相邻的两条支脉的颜色不要一样。用荧光笔或太浅的颜色来写字，会导致难以辨识，增加阅读负担。

（6）关键词要简洁

一般而言，字词是四五个字组成，如果超过字数，就算句子了，因此，大家可以用这个方式来检验自己到底写的是关键词还是句子，但是有一些专有名词，就不受这个约束。

（三）思维导图在小学语文口语交际教学中的应用原则

1. 自我建构原则

建构主义认为，知识的学习不是通过教师传授的，而是学习者在一定的情境即社会文化背景下，借助其他人（包括教师和学习伙伴）的帮助，利用必要的学习资料，通过意义建构的方式而获得。在小学语文口语交际教学中，教师要引导学生积极探索和独立思考，尊重每个学生在认知风格和经验背景上的差异，让学生自由构建知识体系，营造讨论与协商的学习风格和课堂氛围。确定了口语交际的主题后，利用思维导图能让学生主动在大脑中去搜集并分析有关的信息和资料，对所学习的问题提出各种假设并努力加以验证，逐步讨论层次表现，进一步深化分类。此外，思维导图中的每个关键词和图像都包含特定的信息，能激发新的思维，让学生根据主题从多角度进行三维思考，形成多样化的结论，培养学生的发散思维，让知识转移与思想训练完美结合。

口语交际课从一开始到结束，思维导图的辅助教学始终都离不开学生的参与和积极探索的活动。在这一活动中，同时也构建起一种新的师生关系，把传统的灌输式的教育模式转变为自主的、对话的、探究式的教学生态。这种互动式教学过程有助于促进师生之间的相互分享、交流和理解，营造轻松热情的课堂教学氛围。在这种互动式教学氛围中，学生提出不同的见解和意见，激发个人的自省和反思，从而完成知识的建构，使口语交际课堂真正实现"学生为本，一本万利"的教学效果。

2. 思维拓展原则

思维映射是存储、组织、检索和优化信息的强大内存工具。思维导图的放射性树状结构模拟大脑的思维过程，便于教师围绕项目主题进行教学，激发学生的思维活动和脑力激荡。因此，运用思维导图进行口语交际教学，使学生不再局限于书本和课堂，能最大限度地发挥想象力，拓宽思路，根据知识不断地触发思维和拓展语言。学生充分利用思维的灵活性、创造力和洞察力来表达他们的想法。

教学是一个具有开放性的动态生成过程，而思维导图的发散型树状结构是有利于创造性思想的生成的，不会受到任何阻碍，一旦思想的火花闪现，就可以立即捕捉并延伸，去探索问题的所有可能性，拓展学生思维的深度和广度，培养学生的想象力和创造力，提高学生的创新思维能力。在学生能够熟练地运用思维导图之后，以创造性思维为中心的一系列智力行为就能得到积极的运用和推广，语文口语交际教学活动也能就此变得更加灵活而开放。

3. 系统逻辑原则

人的思想是立体的、多面的、有分歧的。思维导图的层次结构使教学内容的连锁性、层次依赖性和螺旋性逐渐增强。虽然它不是一个线性的过程，但它有清晰的思想和步骤，形成了一个清晰的思考链。它强调问题解决过程中的思维逻辑，有利于学生知识体系的构建和科学思维模式的形成。布鲁纳说："所获得的知识，如果没有一个完整的结构联系起来，就是一种很可能被遗忘的知识。在记忆中，一连串不连贯的论点都只有可怜的短暂寿命。"有效的口语交际学习活动除了要理清分散的知识点外，还必须通过组织和总结许多知识点来建立完整的认知图。

思维导图围绕主题排列所有的对象目标，不片面强调一点，注重整体和专注细节，不会分离知识点，不会违背知识生成的逻辑性和系统性。当一个好的思维导图的中心主题被确定后，它就延伸成一个个分支，鼓励丰富新的分支——就像人脑所做的那样。在小学高年级语文口语交际教学中，思维导图像一面镜子，反映了学生思维的差异、信息的储备能力和信息的应变能力。它更全面、直观地展示了知识体系，调动了思维的各种感官，促进了学生对知识的精细处理，深化了学生对知识网络的构建和理解，易于记忆和提取。

4. 主体共建原则

运用思维导图指导口语交际教学的目的是使学生处于教学的主体地位，重新定位教师和学生的角色，使教师从信息传递者向指导者转变，学生从知识的倾听者转变为知识的积极创造者。在课堂上，教师引导学生积极参与思维指导的制定过程，积极地梳理大主题下的各个要素，使思维更清晰，表达更明确。通过这种方式，教室的气氛被激活，教师和学生之间的互动及学生的参与度得到了改善。思维导图的辅助教学要求学生能合理准确地去构建总结知识，安排层次，绘制图像，运用色彩等，这个过程中每一步都需要学生的参与，不能完全依靠教师，突出了学生是学习的实践者和知识的创造者的地位，同时，也实现了师生之间的双向互动。

在指导学生运用思维导图进行口语交际教学的过程中，教师为学生提供及时的指导，帮助学生内化知识，分析认知冲突，充分反映了新的和谐师生关系。合作学习需要充分调动学生的积极性，增加师生之间的互动与合作，实现教学目标，培养学生沟通、管理、创新、教育自我、自我评价的能力；合作学习也要加强学生之间的合作，因为不同的学生对问题的理解有很大的差异，这恰好形成了一种丰富的学习资源。通过交流、分享、讨论和合作，这些资源被班级或小组的每个成员所利用，使口语交际活动更高效实用、生动活泼。

建构主义认为，学生应该尽力将当前学习中反映的内容与他们已经知道的内容联系起来，并认真思考这种联系。如果将联想和思维的过程与合作学习中的协商过程结合起来，学生的学习意义建构的效率和质量就会越来越高。由此可见，经过师生之间的交流、讨论、重建、修正，最终完成的思维导图，是一个相互学习、共同学习的过程，能使口语交际教学活动达到更加理想的效果。

(四) 思维导图在小学语文口语交际中的应用模式

1. "整理型思维导图" 在整理听讲思路和做笔记方面的应用

整理型思维导图的创建是一个"从有到有"的过程，是指我们脑中或是手中已有数据，然后把这些数据整理出比较有逻辑、可以运用的信息。这个过程需要我们大脑的整理归纳与分析能力。这种思维导图在小学语文口语交际中多运用于听的方面，如整理听讲的思路与笔记、进行听力练习测试等。在这些听的过程中，抓住发言者的内容框架及逻辑关系至关重要，思维导图能轻而易举地把这些关键点记录下来，从而提高听的效率。很多人都有听课、听演讲时做笔记的困扰：一边听一边写，根本来不及写下来；听了一大段话，笔记不知从何下手；听完演讲后，内容好像马上要忘光；全程录音，回家整理要用比听更多的时间，没效率。如果你会画思维导图，那么你就能完全解决上面的问题。在听的过程中，我们首先在思维导图的中心主题位置写上讲话主题、讲话人的名字。有时候讲题定得很模糊，不容易一开始就清楚到底要讲什么，则可以先把讲题空下来，等听完后再写上。

因为是一边听一边记录，所以只记录"关键词"就好，可以节省大量的书写时间，让大脑能用更多的时间来听讲。除非你有听不懂的内容，才需要记下整句话。听的时候，只要觉得好像是重点的部分，就赶紧写下来，如果听到后面发现并不是那么重要就划掉。不明白的地方是没有机会去停下来想想的，所以我们需要把听不懂的地方赶紧记录下来，并在听不懂的关键词后面多加一个"？"，可能全部听完，你就懂了。

有时候，我们在记录中发现原来在第一条支脉的架构底下，填上许多的关键词，但是在听下去后才发现，原来已经开始讲第二个概念了，这时我们可以利用另一种颜色的笔继续记录，以示区分。有时我们会遇到当场不知道该怎么浓缩成关键词，这时先写下听到的句子，等整体结束后再重新整理，以不漏听为要点。当然，如果在听的过程中每一次都能多加一条支脉——心得，那么就更能培养出自己的一套思路，而不是纯粹地去复制别人的想法。

2. "提示型思维导图"在演讲中引领纲要和提示内容的应用

提示型思维导图是一个"从有到多"的过程，是指演讲者通常手上有演讲的大纲和内容，演讲时凭借这些少数的关键词就能流畅地讲出别人能听懂的内容。好比武侠高手一样，所有的招式都已经内化记在脑中，不用一边看小抄一边跟对手交锋。如果演讲者是一边看稿子一边念稿子上的句子，与其说是在进行演讲，倒不如说是在朗读，那必定索然无味。

利用提示型思维导图来准备演讲稿，能够帮助演讲者围绕一个明确的主题展开，把观点、材料和感情有机地结合起来，使其既具有系统逻辑性，又具有灵活性和弹性。这时候，我们根据演讲的主题，利用思维导图，依照几个主要概念绘制出几条主脉，然后分别依照不同主脉延伸出内容，一一画出支脉与填上关键词。这样一来，收集内容、拟定大纲的工作就在绘制思维导图时一次完成了。在绘制思维导图的过程中一定会涂涂改改，外观的样子可能会乱乱的，但是内容却是越来越清晰、明确、肯定。提示型思维导图具有简洁性、条理性和灵活性等特点，它在改变或扩充关键词方面具有优势，这给演讲者以发挥的空间，增强其应变能力。演讲者使用提示型思维导图时，可以在面对突发状况时，及时有效地调整其演讲内容。另外，演讲过程中根据场面的需要，演讲者还可以灵活抓取演讲中的契机，巧妙地引入、热情地互动。就像宇宙飞船从地球出发，逐步向一个广大的宇宙迈进。我们则从一个关键词出发，延伸出大量的语言文字内容来说明。没有到最后关头，我们不会知道整体的结构是什么，有可能开始画的内容，到最后完全变得不一样了。

在我们的学习、生活和工作中，演讲无疑是一种必备技能。小到一次课堂的即兴发言、一次班干部的竞选，大到以后的工作面试、会议发言、职位竞聘等，都需要我们有针对某个具体问题，完整鲜明地提出自己的看法或主张，或阐明事理、或抒发情感，达到宣传鼓动目的的语言交际能力。

3. "创造型思维导图"在单向传递的口语交际活动中的应用

创造型思维导图是一个"从无到有"的过程。它是当我们围绕一个话题不知如何展开时，经由一番思考后才有答案的过程，倾向于创造力的表现。

在小学语文口语交际活动中，创造型思维导图多运用于单向传递的口语交际活动。比如，"我是'小小推销员'""留在心里的印象（人物）""畅谈理想"等。

思维导图在介绍类、独白类的口语交际中主要体现在启发思路、丰富内容、点燃创意等方面。虽然思考轨迹是动态的，很难单纯用文字的方式来形容，但创造型思维导图可以清楚地让我们看到它。当我们面对一个口语交际的话题束手无策时，不妨先给自己来一场头脑风暴。

这场头脑风暴第一阶段是围绕主题写出你所有的想法，不要老是去思考这个想法好不好，而是告诉自己追求想法的数量大于追求想法的质量，只要把所想到的东西无所顾忌地写下来就好。如此，放松思想，不受任何条条框框的限制，让思维从不同角度、不同层次、不同方位自由驰骋、大胆想象，尽可能地标新立异、与众不同，提出独创性的想法。

第二阶段开始把这些点子进行分类。每个想法都一定要有它所属的类别，在汇整归类的过程中，因为我们大脑的联想力发挥作用，一定会产生新的点子，就把点子补上思维导图。

第三阶段再用逻辑力分析这些想法的重要性。我们开始收敛和筛选我们的想法，论证其价值，去粗取精。在思维导图的制作过程中，若仍然有新的想法产生，则随时增减。

第四阶段进行思维导图的第二次重构与修正。为了抓住刚刚考虑与整合过的思考结果，需要我们反复以上的第三、第四步，直到自己满意为止。

创造型思维导图能帮助我们思考，发挥主题明确、观点创新的优势，刺激左右脑协作，锻炼发散思维，提高创新能力，使学生在小学语文口语交际活动中"敢说""会说""想说"。同时，思维导图给予使用者一定的自由和弹性，协调预设和生成的关系，帮助学生学会倾听，在交流中快速反应，锻炼敏捷的思维能力，帮助实现人与人之间的有效交流。

所有的口语交流都是在生活情境中发生的，我们要善于在生活中去捕捉孩子们亲历友情的口语交际话题。

三、任务型口语交际教学策略

（一）任务准备

任务的准备阶段对后续任务的顺利开展具有重要意义，可以有效地使学生进入状态，了解任务的流程，活跃气氛，同时也能消除进行交际的紧张情绪。

1. 介绍任务

教师在任务开始之前向全体学生说明任务的主题——"我是小小推销员"。之后，对任务的内容、目标和方式、步骤进行介绍：首先通过趣味语言练习的方式对生词进行学习，之后通过角色扮演的方式，以小组为单位进行口语交际训练，小组由五人组成，一人扮演推销员，另外四个人为购物者，双方通过交流协商，最终完成购买的交际任务。在上述过程中，教学活动和传统教学类似，仍然是以教师介绍、学生倾听为主。对此，教师应当注重表达的方式和语气语调，并借助多媒体资源（视频、图片等）向学生充分介绍任务的内容、目标和流程，充分吸引学生的注意力，调动起学生的学习兴趣。本过程的主要目的是锻炼学生的倾听能力与逻辑思维能力。

2. 语言激活

在任务开始之前，教师要采用有趣味的方式（如语言小游戏等）让学生学习可能用到的词语（词义、发音）和句式，充分激活学生原有的语言知识和语言技能，鼓励学生接纳新的交际知识，并采取合适的方式消除学生对开口交际的恐惧，为任务型课堂的顺利开展奠定基础。教师向学生展示相关道具（水果、工具等商品），并借助道具向学生介绍本课堂涉及的生词的发音及其用法。同时，对本课堂中出现的生词进行趣味教学，如快速抢答等，让学生对生词和核心句法有正确的理解和准确的发音，激发学生的表达欲。通过这一步骤，不仅可以调动学生的参与热情，而且也可以培养学生的交际信心，降低学生在交流中的不安。这是活动的预热，是激发学生兴趣，保证教学效果的重要环节。在学生了解本课堂的任务形式及生词用法之后，教师还应当帮助学生回顾本课堂中可能用到的之前学过的知识。在推销购物的过程中，必定会遇到数字表达的情况，因此，应采取合理的方式唤起学生对数字表达的印象。比如，在任务正式开始之前，让学生由小到大报数，既可以检查学生的出席情况，同时也能使学生复习数字表达的方式。

在上述步骤中，任务型教学法与传统教学法的优势已经略有凸显。在传统教学模式中，教师的教学处于中心地位，学生通过耳听眼见的方式从教师的口中学习知识，这种教学模式存在较多的弊端。比如，学生的注意力难以在一整节课堂都保持专注，教学质量势必受到影响；教学方式的单一也会使学生失去学习的乐趣，从而产生厌学的情绪，学生的参与度较低等。而在任务型课堂中，教师不仅要采用合理有效的方式（趣味教学）向学生介绍生词，讲解新的语法，而且也要使学生积极参与讨论，采用趣味游戏的方式提升学生的参与度，激发学生的学习热情，体现了任务型教学法的参与维度。另外，教师在传授知识中有着鲜明的目的性：这些新词和语法知识会在接下来的任务执行中被用到，体现了任务设计的目的性原则。通过上述教学活动，能初步提升学生的口语能力、表达能力。

3. 理解任务

在活动开始之前，和学生一同布置"推销"场景，让学生适应任务的环境，感受推销的氛围，提前调动其参与任务的积极性。在活动之前，帮助学生选择任务中的角色，帮助他们熟悉主题、进入角色，激发他们的表达欲。可以采用问答的形式，让学生描述在日常生活中出现的购物场景，聊一聊在最近碰到的买卖东西的情境，并试图让学生模仿售货员的语言和神态，使学生更深入地理解本次任务型课堂的教学内容和教学流程，方便后续教学活动的开展。

为了便于学生的理解，使抽象的教学表达更具体化，教师可以向学生提供参考材料来使学生模仿，并对示例中出现的词语及语法等进行讨论，明确"推销员"与"消费者"角色的差别和目的的差异，从而总结出两种角色在发言中用词的选择和情绪的表达，使学生更深入地了解任务的类型和流程。在此过程中，教师也可以参与讨论。

（二）任务执行

任务执行过程指的是学生实际参与任务型教学活动的关键环节，学生根据任务的指示及教师的指导完成设置的任务，并在完成任务的过程中自然习得语言知识和交际本领，包括执行任务和总结任务两个环节。

1. 执行任务

该环节是任务型课堂的核心部分，是学生真正参与到交际教学中来的环节。学生每五人分为一组，一人扮演推销员或售货员，剩余四人扮演购物者。买卖双方根据所要扮演的角色、对方表达的关键信息，选择、调整自己的表达内容和表达方式，实现推销的任务、反推销的任务或各自在让步后实现意图。

在这个阶段，学生运用语言完成实际任务。学生围绕自己的目的，有条理地陈述理由，组织语言（逻辑能力），根据对方态度和条件的变化，调整自己的条件和语言（倾听、动态原则）。在活动过程中，要实现逻辑思维能力、口语能力和交际能力的提升。扮演推销者的学生的目标是，给消费者描述产品的特性及优点，根据"消费者"的反推销表达，寻找合适的切入点，进一步完成"推销"活动。他们要注意肢体语言的使用，如商品的展示说明等。通过这一步骤，可以锻炼学生的语言转化能力和口语能力。扮演消费者的学生的目标是，以低价格买到最适合自己的商品。消费者需要对"推销者"给出的信息进行综合判断，结合语境做出回应，选择适当的方式讨价还价，最终完成购买。在完成这些任务的过程中，可以锻炼学生的逻辑思维能力、倾听能力和表达能力。

教师在学生进行任务的过程中要注意观察学生的表现，根据小学语文口语交际的培养目标记录学生优秀的表现和不尽如人意的地方，为之后教学活动的改进提供决策依据。如果存在学生参与度不高、遇到困难等情况，则要及时调整策略，积极引导，确保任务顺利进行。

2. 总结任务

所有同学完成任务之后，选择一个或多个代表汇报任务的完成情况及在完成任务过程中的收获与感悟。任务总结可以增强学生对任务内容、任务目的、语言表达方法技巧的自觉性，提高学习效果。在总结中，教师应积极发挥作用，可以简略评价学生的任务完成情况，赞扬学生表现出色的地方，及时指出学生应改进的地方，指出改进的方法，进入任务后语言聚焦的反思环节。

在这一环节中，学生需要从任务中跳出来，完成从"推销者"或"消费者"向"学生"身份的转变，站在学生的视角选择更为合适的语言和表达方式对刚刚自己及他人完成任务的情况进行总结与评价。通过这一步骤，可以有效地锻炼学生的逻辑思维能力、语言转化能力、口语能力和表达能力。教师的积极引导可以为学生树立模范代表性，让学生了解正确的表达方式，进一步提升教学效果。

（三）语言聚焦

小学语文口语交际任务的根本目标是，要培养、提高学生的口语交际能力。完成任务是学生锻炼口语交际能力的一个途径，而不是最终目标。因此，任务结束之后，教师必须帮助学生察觉到自己和搭档完成任务过程中的语言特征，反思与总结相关的语言知识和口语表达技巧，通过进一步的练习使之内化到自己的语言体系中，使之成为自己的口语交际能力。语言聚焦包括分析、练习和家庭任务三个环节。

1. 分析任务过程

在任务型课堂结束后，教师应根据课堂记录及学生的课堂表现，结合课堂的教学目标对学生的表现进行分析点评。比如，表扬学生在任务完成过程中的积极表现和生动发言、准确的选词及适宜的语调与肢体语言，表扬"推销员"对商品的精准描述，"消费者"生动活泼的表达方式等。同时，指出趁机偷懒、表现不积极、倾听缺乏耐心、打断别人讲话等行为。教师还要针对任务中出现的不足提出针对性改进建议，为下一次任务型课堂的设计提供参考。比如，对学生偷懒、表现不积极的情况，教师应当从课堂开始的生词教学中调动学生的学习积极性，争取让每一个学生都能在此环节开口讲话，为后面课堂的进行奠定基础。而针对学生在任务完成过程中出现的用词不当、语法知识运用错误等，应当在第一时间指正，并使正确的交际行为深入人心，使之成为学生的日常交际习惯。教师也应当对表现积极的学生给予及时的表扬，在学生群体中树立典型模范，在激发学生在下一堂任务型课堂中积极表现的同时，也能向学生展示正确的表达方式。

通过上述过程，可以实现学生对教学内容的深化，避免教学流于表面造成的教学质量下降；同时，通过课堂总结，可以使学生进一步明确参加任务型课堂的意义和目的，将课堂的重心重新回归到语言学习本身，体现了任务型课堂设计的目的性原则。对小学生的任务类型定为信息差型任务这一初级任务，充分考虑了学生主体的语言基础和学习特征，体现了任务类型设计的阶梯性原则。

2. 补充专项练习

学生在任务中表达和交际的不足，往往是该任务中口语交际能力培养的难点。所以，在分析结束之后，教师应当设计布置相关的练习，有针对性地帮助学生提升某一方面的口语交际能力。

比如，针对学生在任务完成过程中存在偷懒、参与度不高等情况，应采取相应措施激发学生的学习兴趣，如设置公开表演等，提升学生的专注度和表现欲；同时，也可以督促学生将注意力放在任务型课堂本身上，提高教学效果；还可以按照扮演角色的不同将所有学生分成"推销小组"和"购物小组"，加强小组讨论，根据"推销员"和"消费者"目的的不同，在小组中分别讨论出在任务完成中可能使用到的语言和表达方式。再如，在任务完成的过程中，学生存在用词不当、语调选择不合时宜、打断别人讲话等现象，教师应在任务课堂结束之后，向学生演示正确的交际方式，并让学生以小组为单位对教师的教学进行模仿，以加深学生的印象，提升教学效果。

通过上述过程，可以有针对性地对学生在口语交际能力培养中存在的缺点与不足进行补充与强化，明确指出学生在任务型课堂学习中存在的缺点与不足，并布置专项训练课程，将任务的主体重新回归到学生身上，这既可以有效地锻炼学生的口语能力、逻辑思维能力和交际能力，也进一步体现了对任务型课堂设计互动性原则的良好落实。

3. 布置家庭任务

应用是语言学习的最终目的，学生只有将在课堂中学到的交际本领正确、合理地应用于生活实际，才算是真正掌握了口语交际的精髓。因此，教师在完成任务型课堂交际教学之后，应当结合本堂课中涉及的知识点向学生布置家庭作业，让学生在下课之后到生活实际中应用在课堂中学到的本领。

比如，教师可以向扮演"推销者"的同学布置向父母"推销"文具的家庭任务，向扮演"消费者"的学生布置陪同父母去商店讲价的任务。同时，应该在事后主动向家长询问学生完成任务的情况，根据家长的反馈寻找出学生在完成任务时的薄弱环节，共同商议更好的教学策略，并在下一次任务型课堂开始之前有针对性地对其回顾，加强其语言学习的效果。

通过布置家庭作业，可以将学生在课堂内学到的知识应用到生活中，达到学以致用的目的。而能够布置家庭作业的前提是，课堂中应用的任务是生活中较为常见的场景，体现了任务设计的生活维度。在完成任务的过程中，所使用的语料都是生活中常见的表达，体现了口语交际教学的真实性原则。

四、情境教学法在口语交际中的应用

（一）口语交际情境教学的改进对策

1. 加强情境教学培训，提升教师专业素养

情境教学法在小学口语交际教学中得到了比较广泛的应用，教师的重视程度也愈加明显。但在调查中发现，情境教学法在应用的过程中仍有一些问题，教师虽然重视方法的应用，但是关于情境教学法的理论还比较陌生，多数教学经验是根据教师本身教学实践经验得来的。首先，在口语交际教学中，教师对情境教学法的深刻理解和正确把握是有效实施课堂教学和促进学生学习的关键。其次，新课改提出要更加注重教师的专业成长，这就需要学校加强对于情境教学相关理论和实践操作的培训学习，加强对情境教学法的理论指导，鼓励教师多阅读关于情境教学法的书籍。通过培训，使一线语文教师对情境教学法的特点、目的、优势及途径等有关情境教学法方面的知识有更深入的了解，进而把情境教学法理论吸收内化为自己的知识，最终渗透到教师的日常教学工作中。

教师不仅要正确认识情境教学法，还要能够灵活应用情境教学法解决教学问题，同时明确如何在口语交际教学中应用情境教学法，掌握情境创设的多种途径和技巧。例如，学校可以通过观摩课的形式，让教师进行交流启发。观摩课是一种为了进行教学研究而进行

的观摩教学，教师可以通过观察其他教师在口语交际课上使用情境教学法展开教学，汲取优秀的经验，改进自身教学中的不足，通过不断地学习交流、积累经验，逐渐提高自己使用情境教学法的水平。学校还可以定期组织有关情境教学法的技能大赛，不仅能够提高教师钻研教学的积极性，而且还能够加深他们对情境教学法的了解。在比赛中，往往能够碰撞出新的思路和视角，对教师整体专业素养的提高有促进作用。

2. 创设适合小学低年级学生的多维情境课堂

在小学低年级，课堂应该是学生的乐园。当教师在口语交际教学中运用情境教学法时，应该让学生感受到表达与交际的乐趣。怎样才能更好地创设这个教学情境呢？我们可以设置多维互动的口语交际情境课堂。多维口语交际情境课堂强调将各种课堂资源进行合理优化的整合，利用音乐、图片、语言、角色扮演、生活等传统情境呈现手段的同时，加入动画、视频、表演等形式，使学生的视觉、听觉、触觉等都被积极地调动起来，让学生全方位地感受教学情境。教师在设计教学内容时，可以采用"寓说于乐"的方式，加入学生角色扮演、游戏、歌曲等环节，让学生亲身体验、感受，融情于课堂，这样的口语交际课堂就更加有趣了。例如，口语交际"打电话"中，导入部分用多媒体设备播放相关打电话礼仪动画片，然后再请学生扮演模拟不同场合打电话的情境，可以是邀请电话、请假电话等。通过设置这些与学生生活实际相关的情境，让学生学会在潜意识中懂得接听、挂断电话的礼仪，从而培养学生打电话时口齿清楚、大方礼貌等文明交际的意识与习惯。

在这样的教学模式下，学生的天性得以发展，口语交际课在具体的交际情境中进行，在潜意识中感悟、体会、内化交际意识与交际习惯。口语交际课堂不能单一地只去学习交际技巧，学习教材上给出的话题，而应该把思路放宽，开发更贴近学生实际生活的口语交际资源，设计出能够让学生有互动的情感体验的教学目标和教学流程，这样才是真正以学生为本。

（1）创设生活与实践相结合的教学情境

丰富多彩的生活情境可以将学生带入生活中，这不仅有利于学生身心发展，还可以让他们更好地感知生活、认知生活。根据语文课程标准的精神，口语交际的教学必须力求贴近生活、贴近实际，以学生的主题活动为中心，巧妙地创设情境，注重双向互动，让学生积极参与，大胆实践，自主发展，以提高学生的创新意识和实践能力，提高学生的日常口语交际水平。在课堂中可以请孩子们真实地给家人、同学等打电话，这样会有深切的体会与理解，这种生活与实践相结合的体验式学习，将教学与生活实践相结合，自然而然地会激发学生浓厚的学习兴趣，使教学效果更佳。

一二年级的学生对周围的一切事物都充满好奇，如果把他们的学习仅仅局限在封闭式、固定式的课堂上，可能会抹杀孩子们的探索精神与好奇心。因为课堂的环境无论如何布置，计算机多媒体的教学模拟多么逼真，都无法替代复杂真实的生活环境。一线语文教师要重视现实情境中教学情境的应用，在口语交际课中设置适当的生活情境，将学生带出课外，让他们走出校园，走进社会实践等，将情境融于教学，寓教于乐、寓说于乐，这样的口语交际教学会比较高效，学生的口语表达与交际能力也能得到很大提升。

（2）创设游戏与问题相结合的教学情境

通过对情境教学理论的相关研究，我们了解到在口语交际教学中应用情境教学法时要时刻提醒自己，"兴趣"是激发学生好奇心，让他们产生求知欲的关键要素。情境教学中激发学生对学习的兴趣主要是教师所创设的教学情境及教师的引导。教师通过在口语交际课堂上设置相应的游戏，使学生积极思考教学中出现的问题。在这种情境中，学生会不断地思考与领会，只有这样的教学才符合学生的心理特点，产生寓教于乐的学习效果。通过访谈与问卷调查研究，我们发现，小学一二年级的学生对课堂中设置的游戏活动，参与度很高。可以说，这个年龄段的学生的天性就是游戏，他们会在游戏中及时发现问题、解决问题，会在游戏中"做学问"。研究发现，当游戏情境与教学内容恰当结合时，学生的接受程度是最高的。如何将游戏与问题情境恰当结合，游戏的时间多久为最佳，如何保证进入下一环节而又不受上一环节游戏的影响，这些是低年级一线语文教师需要探索与思考的主要问题。

（3）创设平等与对话相结合的教学情境

一线语文教师在口语交际教学中要为学生创设平等与对话的教学情境。平等与对话的教育环境有利于充分发挥师生双方在教学中的主动性和创造性，对学生的想象力、创造力的发挥也十分关键。若是没有平等与对话，那我们的课堂可能也只是教师的"一言堂"，在教学过程中也可能会忽视学生的主观能动性与创造性，扼杀学生的创造性与想象力，这非常不符合教育规律。在低年级小学生课堂上，教师还应该培养学生人际交往的能力，这有助于学生与学生、学生与教师之间进行对话。在与同学互相对话学习的过程中，他们渐渐学会理解别人想法、倾听他人观点、懂得团结的重要性，这可以帮助学生形成健全的人格。作为教育者，应该给这个年龄段的学生提供与他人交流的机会，而且把它作为情境教学的一个重要策略来实施。

（4）创设讨论与竞争相结合的教学情境

为调动学生学习的能动性，营造轻松和谐的良性竞争氛围，作为一线语文教师，还要为学生设置讨论竞争兼具的教学情境，在讨论中提出问题、解决问题，在参与中提高学生的学习水平。一二年级的学生活泼好动，呆板且死气沉沉的课堂教学难以吸引他们，长时间持续下去不仅达不到预期的教学效果，还会扼杀学生的个性展示与创新能力的培养。因此，让学生大胆发表个人见解与感受，鼓励他们开展良性竞争，让课堂教学富有生机，这会让学生体会到成功的喜悦而更加努力学习，同时促进学生个性与人格的健康发展。

3. 通过教师的评价导向，提升学生的交际能力

（1）目标性地进行评价

统编本教材口语交际的每一个交际话题都伴有一个交际训练的目标，教师应该好好利用教材，遵循"教、学、评一致性"的原则，更好地落实教学评价。在教学过程中，无论是过渡、点评，还是启发、激励，教师的语言都要体现明确的指向性和针对性，充分发挥评价效度，以引导学生清晰地认知"目标"，提高能力。

（2）多元化地进行评价

①评价主体多元性

除了教师主导评价之外，还要引导学生进行自评、互评，让学生在自评、互评中，反思自我、互相欣赏、共同提高。生生互评时，教师先要教给学生评价他人的方法。教师通过示范引导，让学生关注本次交际话题的训练目标，围绕目标来进行评价，还要引导学生学会欣赏他人、尊重他人。

②评价形式多元化

课堂上，起主导作用的是及时性的语言评价。除此之外，还可以采用一些灵活的反馈形式，对学生的交际过程进行过程性评价和形成性评价。评价还可以设计成有趣的活动。

（二）口语交际情境教学的实施步骤

口语交际情境教学是指在口语交际教学中，以创设情境为抓手，教师通过创设外在的情境，营造生动、活泼、有趣的交际环境，让学生产生身临其境的感觉，激发学生的情感和表达欲望，促进学生有效地进行交际。因此，在选择口语交际情境教学策略时，应该体现新课标的理念，使教学策略本着促进学生口语交际能力，发展学生的言语智慧的目标。

1. 创设交际情境，引出交际话题

首先口语交际是听与说双方互动的过程，教学活动主要应在具体的交际情境中进行，创设交际情境是进行口语交际教学的首要任务。其次，小学低年级的学生活泼好动、好奇心强，教师在教学时应努力为学生创设生动、活泼、有趣的交际环境，让他们产生身临其境的感觉，从而激发他们的交际欲望，顺势引出交际话题。

2. 多维展评交流，提升交际能力

语文课程评价的根本目的是促进学生学习，改善教师教学。语文课程评价应准确反映

学生的学习水平和学习状况。

口语交际的评价，须注重提高学生对口语交际的认识和表达沟通的水平。口语交际的评价，应按照不同学段的要求，综合考查学生的参与意识、情意态度和表达能力。

教学中，激励性的、多元化的、及时的评价，是激发学生口语交际的有效手段。因此，用心地从每一个学生的发言中去发现他们的闪光点，多表扬少批评，多激励少指责，耐心地倾听学生的发言，不轻易打断学生的思路，不挫伤他们的自尊心和自信心。在评价这个环节，也可以让学生参与进来，进行自我评价与生生互相评价，这样更有利于学生看到别人的优点，同时取长补短，更有效地提升其口语交际能力。

第三节　小学生语文口语交际能力培养的思考及建议

一、提高口语交际教学重视程度

应试教育理念及教师自身的传统观念制约着教师对学生口语交际能力培养的重视程度，必须采取措施逐渐改变传统教育观念，提高社会对小学生语文口语交际能力培养的重视程度。

（一）完善语文口语交际课程标准

课程标准的制定为全国教师的教学提供了方向和参考依据，由于课程标准是面向全国小学生制定的，因此，在有关口语交际方面的阐述较为笼统，如课程标准对于口语交际教学的指导建议中提出应努力选择贴近生活的话题，采用灵活的形式组织教学等，哪些话题属于贴近生活的话题，灵活的教学组织形式又包括哪些等，建议中尚未给出明确具体的操作指向，这给教师特别是新手教师的教学实施造成一定的困惑；标准中对口语交际的评价提出了分学段评价，指出了每一学段应着重考查的内容，但是缺乏细致明确的评价指标及考查方式。

因此，必须进一步加强口语交际课程理论建设，结合国内外有关口语交际理论的研究，完善课程标准，根据教师自身的教学实际进行具体化改进，为一线教师提供细致的、可供参考的教学指导。

（二）深入优化口语交际教材编制

教材作为知识的基本载体和依据，处于不断的修正和改革中，以适应新教育理念和不断变化的教学实际。新教材将小学生语文口语交际能力的培养提到一个新的制高点上，使口语交际的内容日益完善。针对教师由于教学时间限制、教学内容狭窄、教学手段单一等状况，以及目前仍在使用的旧教材的不足，教材的编制应进行深入优化和调整，适当增加视听类教学辅助光盘、有声录音录像材料等，便于教师进行交际情境设计，帮助语文教师提高备课效率、改善教学质量，从而提高小学生的口语交际能力。

1. 教材编写有序化

小学生语文口语交际能力的培养要走向科学化，首先，教材要走向有序化。要力求按学生语文发展的心理过程，由易到难、由简到繁，逐步加深的组成序列，依次向前发展，体现出渐进性。其次，综合前面内容所述，教材口语交际内容在不同学段出现重复交叉、难度编排不科学等状况，教材口语交际内容的编排走向应该与学生心理发展的规律相一致，同时，学段之间应该体现出层次性。

最后，教材应以指导要求的方式体现交际时的注意事项，如低学段教材应注意培养学生的想象力，发挥教材的想象功能，为低学段学生提供发挥的空间，教材主要以看图编故事、复述故事、续编故事等内容为主；良好的交际习惯应该从低龄儿童抓起，因此，教材编排方面应注意培养学生交际时的细节，养成良好的交际习惯，发挥教材的交际功能。

2. 呈现方式多样化

口语交际主题可以来源于教师的精心设计，但是教材仍是口语交际教学的基本来源。因此，教材对于口语交际主题的呈现应该多样化，教材呈现口语交际的形式有以下五点：

（1）图画引入。中低学段教材中应体现图画的功能，低学段侧重看图说话，中学段则侧重启发引导。

（2）操作引入。选择符合学生年龄特征的、学生感兴趣的手工制作。

（3）情境导入。情境导入需要预先创设一个口语交际的情境，在特定情境中考查学生的口语交际能力。

（4）话题引入。即给学生一个话题，让学生围绕某个话题进行讨论交流。话题不要局限于课本内容，可以结合当前国内外的新闻或者生活中的事件，使话题更贴近学生的日常生活，让学生能够有话可说。

（5）任务引入。即交给学生明确的任务，如访谈、辩论、童话剧表演等，使学生以完成任务为中心展开交际。

3. 辅助教材生动化

口语交际在语文教材中主要以图画、文字的方式呈现，结合目前教学中教师在进行情境设计时的力不从心，以及教师为赶教学进度对于口语交际课时的压缩，实际教学中的枯燥乏味等现状，有必要增添口语交际辅助教材，使课本与教材既相互独立又有机融合。辅助教材的内容尽量开放化、多元化，如购物谈话、时事政治、演说等具有知识性和趣味性的内容。教材形式以音像材料为主，为教师提供便于取材的教学参考资料。

二、提升教师口语交际教学设计能力

小学生语文口语交际能力的培养主要在于教师，教师口语交际教学设计是口语交际课得以顺利进行的基础。如何制定科学合理的口语交际教学目标、灵活运用口语交际教学策略、选择学生感兴趣的教学内容，是提升教师口语交际教学设计能力、提高小学生语文口语交际能力的关键。

（一）明确落实口语交际教学目标

教师在口语交际教学设计过程中对教学目标缺乏整体规划能力，只局限于课程标准中对学段教学目标的表述，不能灵活理解与运用，使口语交际课中教学目标较为笼统模糊，口语交际课难以达到理想的教学效果。因此，要想改善口语交际课的质量，切实提高学生口语交际能力，首先必须制定明确具体、切实可行、立足学生实际的教学目标；其次是教师在教学中要保证教学目标得以真正贯彻落实。

1. 教学目标由笼统到具体

教师在进行教学设计时，应结合本班的教学实际，对本班学生的口语交际学习做好学情分析，根据学生的掌握情况并在学生的最近发展区内，制定出明确具体可操作的教学目标。

制定明确的教学目标，首先，需要教师对课程标准进行仔细研读和整体把握，主要包括"学段目标和内容""教学建议""评价建议""课程资源开发和利用"部分，明确各学段学生口语交际能力培养的具体目标要求，能够对各学段学生口语交际能力培养的侧重点进行区分；其次，教师对口语交际内容在教材中的分布进行分析整合，明确每一单元口语交际主题，研读单元导读系统，从而对口语交际主旨思想进行把握；最后，在充分了解教学主旨的基础上，能够结合学生的生活实际进行教学目标的制定。

明确具体的教学目标不是盲目拔高，而是应该具有前瞻性和可操作性，呈螺旋式上升且具有层次性。

教学目标的设计应该体现学生敢于表达内心想法，学会倾听其他人的看法，并且能够相互交流沟通，同时上升到情感方面，让学生树立助人为乐的思想，学会帮助他人。

（1）初步学会有顺序地观察图画，注意食物之间的联系，大胆联想，交流时要求口齿清楚，声音响亮，态度自然大方，培养良好的语言习惯。（2）初步学会倾听、交流、沟通。倾听时，集中注意力，听清楚，想仔细，记心上。敢于大胆发表自己的不同意见，提高口语交际能力。（3）组织、引导小朋友在口语交际中学会赞赏、鼓励、合作、评价。（4）能联系自己的观察和了解到的残疾人生活困难的实际，谈谈自己的想法，从而感受到人与人之间的和谐相处，关爱他人，自己也能得到快乐的情感。只要人人献出一点儿爱，世界将变成美好的人间。知道助人为乐是中华传统美德，从小树立助人为乐的思想，有同情心，会关爱有困难的人。

这里的教学目标设计较为细致全面，目标由基础表达到倾听交流，最后升华到学生的情感、态度与价值观方面，层层递进，螺旋上升，对指导教学具有实际参考价值，而且体现了课程标准对于低学段学生口语交际能力的目标要求。

2. 保证教学目标重点落实

我们在进行教学目标设计时多采用三维教学目标，即知识与能力、态度与方法、情感态度与价值观。一堂口语交际课中会包括多个教学目标，而且课标学段目标对于每个学段学生的口语交际能力培养提出了多方面要求，因此，在教学目标的实施过程中，不可能做到面面俱到，要求对学生口语交际能力进行各个方面的训练也是不切实际的，所以教师一方面要设计好教学目标，另一方面还要分清教学重点和难点、主要目标和次要目标，教学过程中以解决重点目标为优先原则，有选择、有重点地进行训练。

因此，教师在进行口语交际教学目标设计时，应注意抓住训练主题的重点，有的放矢，不能搞均衡化。

（二）科学运用口语交际教学策略

一个好的教学设计不仅要制定出明确具体、切实可行的教学目标，还要学会使用科学的教学方法。

1. 情境创设策略

小学生语文口语交际能力的形成，是在语言积累及运用环境中长期积淀的结果。小学生口语交际能力的培养，有两个必不可少的条件：一是学生必须参与言语过程，并且经历言语内化的阶段；二是必要的情境导入，这里的情境导入可以是真实发生的事件，也可以是教师为进入交际主题所营造的虚拟环境，其目的是激起学生情感的共鸣，使其能够结合自身的真实经历畅所欲言。这里的导入方式有两种。

一是事件性导入。事件性导入是指将社会上真实发生的过去或最近的事件与课堂内的语文教学事件联系起来，具有实时性、现实性的特点。与直接进入教材主题相比，事件性导入更容易激发学生对口语交际主题的兴趣，吸引学生的注意力，贴近学生的生活，使学生能够结合切身实际来表达个人观点。

二是功能性导入。这里的功能性主要是指为达到口语交际能力培养目标所采用的方法，即创造某种交际环境，使学习者能够融入口语交际活动，这时的交际情境不一定是真实的事件，可以是虚拟的。功能性导入主要包括以下内容：（1）多媒体法，通过运用多媒体将有声的图片、文字、录像等呈现出来进行情境创设；（2）图画法，结合教材上的图画等；（3）游戏法，通过做游戏展开口语交际活动；（4）实物法，通过实物展示创设情境；（5）表演法，通过表演进行情境创设。不局限于上述方法，口语交际的情境创设还可以综合运用以上方法。

2. 动机激发策略

口语交际课质量的好坏与学生对交际主题的兴趣是分不开的，学生感兴趣的话题会使学生保持较高的精神状态参与交际，因此，教师应该设法激起学生的学习动机。动机激发策略是根据引起个体产生行动力的来源，采用适当的方法帮助主体维持这种行为或内部动力。一个人的努力程度、积极性、主动性等都与动机有关，动机强弱决定着个体所从事活动的效率和质量。

从需要理论角度讲，学生的动机主要源于言语交往需要、言语求知需要、言语启智需要和言语审美需要。在口语交际教学中，激发学生的交际动机，需要满足以下需要：

第一，满足学生的交往需要，需要创设真实的口语交际活动情境。口语交际情境越真实，越需要使口语交际的课堂贴近社会现实，因此，口语交际内容不能只局限于教材、校内活动，交际情境还应具有校外的价值；真实的交际情境需要师生之间、学生之间真实的对话过程，对讲义的背诵、现有内容的复述，教师应按事先准备的问题提问，学生回答的过程只是属于听说的范围。因此，真实交际情境中的师生对话应该是实时性的、动态性的、真实性的，交际者能根据自己的真实想法和内心欲望与人交流来达到自己的交际目的。

第二，满足学生的求知需要，需要选择开放的口语交际内容。所谓开放性的教学内容是指不局限于语文学科、不局限于课堂教学内容、不局限于现成知识的内容。口语交际主题来源较广，可以涉及各学科知识，诸如历史、地理、政治等。口语交际教学内容不只是教材中的知识，教师可以根据学生实际自行选择交际内容。口语交际教学过程是一个动态化的过程，学生在交际中可能会遇到新刺激，从而产生新的启发和感悟，获得新的交际体验。

第三，设计挑战性任务，满足学生的启智需要。教师在让学生提前准备口语交际活动时，可以预先设定好任务，使任务水平在学生的最近发展区内，即高于学生现有水平，接近学生可能达到的发展水平，可以综合运用各种技能，如说唱、说演、说画等，交际时注意交际态势、表情、音调、眼神等尽量都能满足要求，做到位。

第四，为学生创设成功体验的机会，满足学生的审美需要。由于小学阶段的学生处于勤奋感对自卑感的发展危机阶段，对公众场合的发言感到胆怯，害怕失败，过于在乎他人对自己的看法，因此，需要教师多给予鼓励，根据不同学生的不同水平设计不同的任务，当达到要求后及时予以强化，使其体验到成功的感受。

3. 新型交互策略

口语交际是一种双向或多向的交流活动，只注重口语表达而轻视学生之间交流的课只能叫作听说教学，而不是真正意义上的口语交际。口语交际重在培养学生之间的表达和交流能力，教师应为学生创造一种融洽、民主的交流氛围，使学生能够克服自卑、羞怯心理，积极大胆地融入交际情境中，发挥口语交际课的实际效用。

在传统口语交际课堂中，教师一般习惯于小组之间进行交流，小组的划分往往是同桌及前后桌四人一组，如果学生的座位调换频率较低，学生之间的交流基本就围绕固定的四人组不变。学生之间的固定人员交流，可以增加学生之间的相互了解，使学生不会因为不熟悉而无话可说，但是长此以往，学生之间就失去了彼此交际的兴趣，交际话题也会因为缺乏新鲜的源头而变成一潭死水。

新型交互策略是指教师在小组建构上，应打破传统的固化的教室分布格局，不断变换学生之间的交际对象。口语交际课本身具有开放性的特点，而且需要学生的主动参与，因此，教师不必局限于为搞好班级常规而固化交际模式，适当放权给学生，充分发挥学生的主动性，学生之间自由结合，教师可以提出分配建议，给予学生科学引导，让口语交际课变成属于学生的课堂。

（三）灵活选取口语交际教学内容

教材是教师教学的主要依托和载体，但是由于教材中对口语交际课的安排次数毕竟是有限的，在6~8次，交际话题局限于教材则会使口语交际课变得刻板不灵活，加上语文课本身开放性的特点，教师可以就地取材，生活、学习、社会中的事件都可以成为话题来源，综合实践活动、辩论赛、演讲、表演等多种多样的艺体活动，同样在培养学生口语交际能力的过程中发挥了重要作用。因此，需要教师转换视角，多维度看待口语交际，灵活选取训练内容。

1. 灵活运用教材话题

我们使用的教材通常以文字和图画共同创设，交际话题主要来源于每单元的课文内容，所以，更利于学生理解主题。但是在日常教学中，教师往往过于依赖教材，缺乏创新能力和灵活运用能力。教师对于教材的灵活运用，首先需要教师对教材进行仔细研读，在把握教材的基础上与本班学生的学情相结合，在教材的基础上进行扩展延伸。

如人教版四年级上册口语交际与习作整合在一起，要求学生写写自己的成长经历，然后和同学进行交流。口语交际主题任务并不是特别明显，与口语交际紧密相连的习作是关于一个小学生要去给同学过生日，家长不同意遭到同伴疏远的故事。给同学过生日是现在学生日常生活中经常遇到的，而且许多家长由于孩子小怕影响不好而阻止孩子参与，从而导致孩子被同伴孤立。对于这样的问题，教师必须加以疏导、解决，"给同学过生日到底好不好"，教师如果给出直接答案，学生心中仍然不能信服。因此，教师可就此习作主题进行口语交际，以"辩论赛"的形式分出正方、反方及主持人，让学生对此现象收集资料、准备辩论。学生自己得出的结果往往比教师给出的定论好得多，更容易被所有学生接受。

2. 多从学生身上找话题

除了充分利用教材中的内容外，教师还可以选取当前社会上已发生或正在发生的新闻事件，学校生活和学生家庭生活中发生的事情等均可作为学生的口语交际训练话题。但是无论是发生在社会上的热点问题，还是与学生密切相关的日常生活事件等，其核心都是学生本身，因此，教师应该多从学生身上找话题，将关注点更多地转移到学生身上来。

学生本身是一个丰富的资源，社会生活的日益丰富，带给学生更多的经历和体验，尤其是当今一些传播媒介的广泛使用，学生获得的信息量越来越大，这些信息悄然影响着学生的世界观、价值观，并逐渐与成人的精神世界靠拢，同时又带有鲜明的个性特点。据此，教师在进行口语交际话题设计时，可悉心捕捉多数学生感兴趣的话题，就学生所喜爱和关注的对象展开讨论，不仅可以使学生津津乐道，激起学生之间的共鸣，促进生生关系的融洽，还可以使学生在交流和讨论中完善自己的价值观念。如学生之间的交际话题可以是关于"带手机去学校""辅导班的收获""玩游戏的利与弊"等。

三、发挥学校口语交际教学监管作用

（一）提升教师口语交际理论素养

理论知识指导教师的教学实践，口语交际方面的理论知识是教师进行口语交际教学、提高学生口语交际能力的基础。教师提高自己的理论素养，一方面可以通过自身努力，须注意自身语言表达的准确性；另一方面学校应为教师提供进修培训的机会。

1. 注意语言表达的准确性

教师作为口语交际教学的指导者，其自身口语交际能力的高低会对口语交际教学产生直接影响。教师与学生的教学过程也是一种口语交际的过程，在这个过程中，教师的普通话是否标准，语言是否连贯、符合逻辑和常理，与学生交流时的手势、表情、眼神等是否恰当，语调是否恰到好处，互动时能否照顾倾听者的感受等，都会成为学生学习的范例，这是榜样学习的作用。

班杜拉的观察学习理论告诉我们学习者会以自己的榜样作为模仿对象，对榜样的行为进行模仿。在学生眼中，教师则是他们心中的榜样。教师身为示范者，须注意自己在日常交际时的言行是否恰当，语言表达是否准确。

2. 强化教师教育理论培训

随着信息技术的突飞猛进，教育领域也在悄然快速地发生着各种变化。教师只有不断提升自我修养，才能紧跟时代步伐。要想给学生一杯水，教师自身得有一桶水。说的就是教师只有自己真正明白口语交际是什么、如何教，才能真正把知识传授给学生。

作为小学语文教师，需要具备各方面的综合能力，培养学生的口语交际能力，教师首先自身成为口语表达、人际交往的榜样示范，还要懂得教育学、心理学、语言学、交际学等理论知识，对于如何有效组织口语交际教学得心应手。除此之外，由于口语交际本身具有开放性、动态性、社会性的特点，口语交际的主题取材于生活的各个方面，教师除了需要掌握口语交际相关的理论知识之外，还要对数学、文学、地理、历史、政治、信息技术等学科进行广泛涉猎，同时不断提高自己对信息的感知力，树立终身学习的理念，提高自身的理论修养和思想水平。

教师的自身素质直接影响着教学质量，教师除了加强自身修养之外，学校等教育部门应重视对教师的培训工作，做到真正促进教师的专业发展。口语交际能力是现代公民的必备能力，语文教师对小学生口语交际能力的培养肩负着重要的责任和义务。但是，通过访谈得知，教师自身对口语交际理论并没有清晰的定位，对有关口语交际的理论并不熟悉。因此，教师培训应立足课本和教师自身实际，在教材改革的同时，能够及时对教师进行新教材的指导和培训，分析新教材的变化，科学指导具体教学工作。同时不仅要知其然，还要知其所以然，加强教师理论课程培训，并鼓励教师将其运用于教学实践中。

（二）组织口语交际教学研讨活动

教师口语交际教学设计能力的提高不仅需要教师自身的努力，还需要集体的力量进行修饰和完善。集体的力量往往能够弥补个人能力之不足，带给教师更多的启发。学校教研活动多集中于常规教学、备课上课、新大纲和新教材研究、课题申报、青年教师培养等方面。对于语文学科常规教学，以课文讲授和作文教学为主，口语交际课例很少作为研讨典型，因此，教师难以积累到有效的授课经验。

为了使教师能够学到更多科学合理的口语交际教学设计经验，更好地培养学生的口语交际能力，学校可以以年级为单位成立口语交际课题研讨组，采用青年教师上课、专家教师点评指导的模式，提高对口语交际课的重视程度，帮助教师积累到有效的口语交际教学经验。

学校可以定期组织口语交际课听评课活动，各年级教师互相听课、评课，设立听评课专项记录表，进行定期交流和展示，共同探讨和反思，为教师搭建口语交际课课后交流成长的平台。

集体备课过程中，教师可以彼此分享授课经验，寻找自身教学的不足，为上课积累经验。新大纲、新教材对于口语交际部分均有较大的改变，学校应引起重视，及时带领教师进行理论政策、新教材研讨，与过去的理论政策、旧教材对比，把握当前教育改革总方向，使教师能够认识到口语交际课的重要性，认真审视口语交际教学，认识到小学生语文口语交际能力培养的重要性，抓住改革的重点进行突破。

（三）加强口语交际教学监督管理

监督是为了保障口语交际课在语文教学中得以真正落实。教育部门只有加强口语交际教学监管，建立从上到下的监督体系，才能逐渐提高对学生口语交际能力培养的重视度。

1. 设置独立的口语交际课

语文课程是一门学习语言文字运用的综合性、实践性课程，小学阶段的语文课程承载着识字与写字、阅读、写作、口语交际和综合性学习等内容，在传统的学校常规考查中，识字与写字、阅读与写作等均在考试范围内，只有口语交际缺乏考查机制，从而使它的地位与识字、阅读等存在较大的差距，语文教学中的口语交际课都是教师随机安排。因此，只有设置独立的口语交际课程，使口语交际课不再成为写作课的附属部分，才能逐渐提升语文教师对口语交际的重视程度。

2. 定期抽测检验教学质量

定期抽测是为了对教师的口语交际教学进行更好的督促，为了改善当前小学生语文口语交际能力培养的现状，教育部门应加强对学校及任课教师的监管力度，以引起各方面对口语交际的重视程度。同时教育部门应制定明确的考核评定指标，对口语交际课的课时安排、教学质量等进行规范化检查与指导，学校方面应树立口语交际课与语文课同步并重的意识，杜绝口语交际课被占用现象，适时开始口语交际教学观摩课、课例分析及研讨、教学能手比赛等，对富有创新意义、具有启发性的口语交际教学案例给予适当奖励，调动教师的参与兴趣，引起学校及教师的重视。

学校之间可以进行口语交际教学质量评比，并组织好口语交际教学研讨活动，成立口语交际专题小组，以年级为单位进行集体备课，新手教师和专家教师互帮互助，切实改善口语交际教学质量以提高小学生的口语交际能力。

四、着力完善口语交际教学评价体系

（一）评价主体多元化

在口语交际课堂教学评价中，教师始终是学生行为表现的评价主体。教师对学生表现做出的即时评价基本上是口头性的，评价语言在一堂课下来也会变得相对匮乏。教师不仅作为课程组织者，还作为引导者、授课者、点评者，集众多角色于一身，对教师自身来说也是一种工作负担。

学生是学习的主体，教师教学中要善于发挥学生的价值。学生参与评价的过程也是自身的提高过程，教师应提供给学生被他人评价及学生自我评价的机会，实现多种评价方式有机结合。学生进行自我评价和给他人评价的过程也是锻炼口语表达和交际的过程，给他人评价时学生会考虑对方的感受及其他同学的观点如何，这也是一种交际策略的习得和积累过程，教师要引导学生多用鼓励和表扬的语言展开评价，要学会换位思考。

教师评价、学生自评、生生互评是课堂评价中较为常见的评价方式。除此之外，还可以将家长评价纳入评价体系中，在家校合作的基础上，让家长参与到口语交际活动中，同时可以倾听孩子的内心想法，实现教育一切为了孩子的成长。

（二）评价目标细致化

所谓评价内容全面化，是指对学生口语交际能力的评价要充分考虑知识与能力，过程与方法，情感、态度与价值观等要素。一些教育实践者对口语交际评价做出了尝试性探讨，根据不同学段学生的发展特点，制定了较为细致的口语交际评价目标。

一二年级的学生由于身心发展还不完善，口语交际能力培养主要以情感陶冶为主，更为注重学生交际习惯的养成；三四年级的学生在获取知识提高能力的同时，更加注重学生的情感与价值观维度，重视学生在口语交际过程中情感的培养、语言表达与倾听能力、与同伴交际时的感受与体验；对五六年级的学生更加重视过程与方法，即更加注重学生口语交际过程中的语调、语速、眼神、手势、态度、礼仪等的培养，高学段学生的知识、智力、情感等已经达到一定水平，口语交际能力的培养应侧重于人与人之间的交际过程，让学生掌握更多交际策略。同时，评价时应该淡化分数意识，采用星级评定，定性和定量相结合，对学生的表现以鼓励为主。

（三）形成性评价和总结性评价相结合

形成性评价是指在教育活动进行的过程中，为调节和完善教育活动，对教育活动的诸多因素（包括人、物、活动方式、结果、成效等）进行的评价，也称过程性评价。形成性评价是一种动态性评价，评价过程贯穿教学中的每一个环节，教学过程中的动态评价有利于教师随时了解学生的学习掌握情况，根据评价结果及时调整教学计划。结果性评价是在某一相对完整的教育活动阶段结束后，对整个活动目标实现程度做出的评价，也称结果评价。结果性评价重视评价结果，我们常见的学生期末考试就是结果性评价，主要是对学生一学期的学业成果进行鉴定总结，常用于评优等功利性选拔等，注重学习成绩而忽视了学生其他方面的评价，而且相对形成性评价缺乏一个信息反馈过程。在口语交际教学评价中，应该注重将形成性评价和总结性评价相结合。

第五章

小学语文写作创造力培养

第一节　小学生写作理论

一、学生写作学

新写作理论的写作是顺应与引导学生的身心发展，反映学生的身心发展，并以写作促进学生的身心发展；基本目标是学生身心发展的文字化、文章化，即用文章的形式记录学生自己的人生教育成果；最高的境界是以创造性的写作培养学生身心发展中的创造精神与写作能力。

二、身心发展

我们这里所说的身心发展，是学生个体从出生至成熟的生命进程中所发生的一系列身心变化。主要是生理发展、认知发展和人格发展。

三、生理发展

身体构造方式的发展，包括大脑、神经系统、肌肉、感觉，以及对饮食和睡眠等的需要。

四、认知发展

智能的发展和变化如何影响人类行为的发展。

五、人格发展

人格发展包括社会性发展，生命过程中与他人的互动及社会关系的发展变化和保持的方式。区别于他人的独特个性的变化与稳定性的发展。

六、人的身心发展规律

人的身心发展规律即生理、认知、心理与人格的发展具有一定的顺序性、系统性与关键期。发展的主要分期有学前期、小学期、初中期、高中期。关键期有 9 岁前后、13 岁前后和 15 岁前后。

七、学生的身心发展特殊性

在各个不同的年龄阶段具有不同的速度和不同的形式，有时比较平缓、均衡，有时十分迅速，有时连续变化，前期变化是后期变化的基础，如身高；有时是质的变化，如抽象思维。实际发展是综合发展，发展具有连续性和阶段性、定向性和顺序性、不平衡性和差异性。

八、不同时期身心发展资源的自然消费

主要指动机、精力和时间自然有不同的投入，如 1~6 岁主要是玩，7~18 岁主要是求学与成长。

九、顺应与引导学生的身心发展需要

顺应与引导学生的身心发展需要简称为顺引，即充分了解与把握学生的生理发展、心理发展与人格发展，顺应学生身心发展的自然规律，引发学生具有的本能，唤醒学生的生命活力，同时，又依照民族心理、文化传承与时代发展引发和强化学生的主观能动性，在满足学生生长与发展的需要中，让教育成为其生命和心灵发育的过程。

自然人的学生有基本相同的生理结构、认知结构和人格发展过程，这规定了学生的基本需要的共同性。学生的生理发展、认知发展需要体现出学生的自然生命的本性，学生的人格发展需要体现出学生社会生命的本性，其中学生的精神文化需求还体现出学生的精神文化生命本性。

十、学生身心发展过程中自然具备的写作资源

学生原本具有丰富的表达能力，只要能发现这些能力，就能取得写作的主动权。这种能力是学生身心发展过程中自然具备的，过去只作为生理发展的研究对象，其实这更是学生写作的重要资源。

十一、写作是激发生命内驱力的过程

行为的内在力量来源于个人的儿童时期，并持续影响着个体的生命过程。写作能力涵盖我们生命的觉察力、感觉力、思考力、想象力和创造力等，因此我们说，写作的潜能就是生命的潜能。就人的身心发展而言，人具有认知能力，即通过眼、耳、身体、大脑等感官对外界事物形成直接的印象与感性的认识。这认识还包括人对观念的认识、对道德价值的认识。在认识社会事物与自然事物中所形成的概念、观点、观念，形成人的经验知识的同时，还能将特殊事例中的规律推广到一般的事物中，在更大的空间有所作为，创造性地改变自己周围的环境。因此，写作的过程就是激发生命内驱力的过程。

十二、自我实现是学生写作的最高境界

人不能成为自己之外的人，不能仅仅成为国家、社会发展的一种工具。人都有个性，都有个性需求，都想按自己的需要成为"这一个"。就个人而言，人生的目的就是成就自己。人一旦脱离他自己的需要，一旦变为非自己的受制于人的手段，自我就不存在了，人性就被扭曲了，责任、义务、情感也自然弱化甚至不存在了。人的理性、智力、成果与自己相分离，人就没有了内在动力，积极性就得不到充分调动，效果也就不言而喻了。

十三、言语、思维、思想、学生身心发展与写作的基本关系

言语由思维决定，并围绕思维完成交际；思维由思想决定，并围绕思想组织言语；身心发展决定学生思想。思维是中介，是最活跃的因素，思维可以建立模型。言语可以训练，思想应该升华。写作是将身心发展过程中产生的思想通过思维，转化为具体的言语作品。思维与言语是技能，可以训练，也需要训练，最好进行规范化、艺术性与创造性的有序训练。规范化是基础，艺术性是发展，创造性是升华。

十四、动态的语法教学

顺应与引导学生从经验性的抽象思维向理论性的抽象思维过渡，同时教师应细导学生

在具体的写作活动中了解基础规则、掌握基本形式，再运用到各种动态的学习与写作中。

十五、以学生身心发展的规律构建写作教学的顺序

在身心发展的运动中，学生完成身心发展的同时，将线性的身心发展转化为螺旋式发展的学生写作活动。700 多项写作活动主要是基于学生的身心发展，并以自助餐的形式呈现给学生，供其选择，以满足不同学生不同层次与不同兴趣的发展需求，也让教师有更多的选择，可更有序地进行指导与评价。

十六、学生的写作活动本身就是写作教学最重要的资源

学生是写作教学中最有价值的主体性因素，学生资源是智慧之源，包括学生生活经验、内在反省的心路历程，具有生成性、动态性、鲜活性、多样性、待开发性和难以复制性等特点。具体是：学生的课堂言行，学生围绕课堂写作教学做出的言行动作、体会收获，自然会反映出写作中存在的问题，特别是写作中出现的错误。错误非但不是我们写作教学中避之唯恐不及的东西，反而是一笔来自学生的弥足珍贵的写作资源，它最能反映出学生真实的写作心理，也包含特有的创造性成分，是最直接、最具有生命力的写作资源，及时捕捉这些信息，并对其进行整合，写作就可以收到事半功倍的效果。

十七、生命体验论

教育关注个体、关注人，意味着应当关注个体作为活生生的生命体的真实存在。对学生而言，写作生活是其人生中充满生命活力和生命意义的重要部分，其实质是学生青春生命活力焕发，生命价值不断显现的生动活跃的生活与健康成长的过程。学生在写作过程中满怀乐趣地参与对智慧的挑战活动，体验充满思想、情感、智慧的"生活"，根据自己的兴趣、体验、理解，能动地认识和改造知识，赋予知识个性化的意义，学生的生命活力在这种积极主动的参与过程中充分地表现出来。在这样的写作生活中，知识的学习已不再仅仅是认知的范畴，它已扩展到情感、人格等领域。知识的增长过程也是人格的健全与发展的过程，体现为学生在写作活动中的生命价值。

观照生命价值的写作过程体现的不仅是写作的社会价值，也充分显现出人的主体价值和内在的生命价值。注重生命体验的写作观照生命的整体性。个体精神生命的生长生成，需要涵蓄、养成。我们在关注个体现实作为能力培养的同时，应实实在在地关注个体的身心，关注身心情态的发育，关注个体内在生命世界的扩展。人不仅有认知，还有情感、态度和信念。如果只把人看作一个认知体，那就简化了对人的认识；如果只注重培养认知能

力，那就弱化了写作的意义。人总是作为一个活生生的生命的个体生活在世界上，人的生命的积极活动构成人的生活，人的生活即人的生命求得意义的活动。注重生命体验的写作强调通过体验与反省使知识进入个人的内心世界，与其生活境遇和人生经验融合在一起，强调学生的认知、情感、意志、态度等都参与到学习中来，使学生在认知的同时，感受和理解知识的内在意义，获得精神的丰富和完整生命的成长。

转变以传授知识为主的写作模式，让体验在写作中穿行。从历史来看，写作一开始就特别注重体验。写作要增长智能，当然离不开传授知识、读书和考试，但又不能仅仅停留在传授知识的层面上，知识不会自动转变为智能。要使知识转变为智能，必须有一个"体验"的环节。因为"在体验世界中，一切客体都是生命化的，充满着生命意蕴和情调"。主体主要通过感知、想象、移情、神思、直觉、顿悟等多种心理活动的交融、撞击，激活已有经验，并产生新的经验。然后又使经验内化为自我的感悟，使感悟到的东西成为对人的发展持续起作用的个性化的知识经验。转变以传授知识为主的写作模式，使写作"具有生命的意义"，就要让体验在写作中穿行。为此，我们必须特别注意以下三点：第一，注意不同体验的特点，增强写作过程中的体验因素。写作中的体验有直接体验与间接体验，感觉层面的体验、情感层面的体验与思维层面的体验，个体性的体验与集体性的体验，被动体验与主动体验，接受性体验与创造性体验，紧张性体验与庇护性体验，期待性体验与追忆性体验等。在进行体验写作的过程中，既要注意体验的价值和作用，又要注意体验主体、客体及其环境的特点。关注学生生命意义的教师总是引导学生直接用自己的心灵与写作内容对接，将自己原有的生命体验和新的写作内容相结合，产生一种新的体验。第二，具体的课堂写作体验实施途径多种多样，教师需要灵活运用。如教师可以通过富有感染力的语言，使学生获得情感体验；通过创设情境、烘托渲染背景，使学生获得身临其境的氛围体验；通过动手绘画（图），使学生沉浸于文本的意境中，品味文本的主旨，甚至体验文本的每一个细节；通过让学生进行角色扮演、小品表演、现场参与、课本剧表演等，使学生获得新奇的刺激，产生情感波澜，从而实现最切身的体验；通过多媒体的综合效应，让学生通过各种感官的参与，达到身心与写作内容、写作过程的和谐统一。第三，体验写作的实施需要结合课程本身的特点。在人文课程和科学课程中进行体验写作的具体实施是不同的。如在人文课程的写作中，可以通过以情怡情、以美陶美、以意境唤醒人来实现人格与精神的养成；在科学写作中，须关注科学的价值，通过具体步骤、实验过程和客观数据培养严谨的科学精神。

十八、人本论

"人是目的"这一命题，是马克思主义哲学的命题。我们知道，人不是孤立的生物性存在物，而是一种社会性的类存在物。马克思认为，一切社会构成因素，如生产、交换、家庭、市民社会、国家都表现为社会的人的生命活动的形式。这些人的存在的社会形式是人的本质的实现，是人的本质的客体化。社会本质不是一种同单个人相对立的抽象的一般力量，而是每一个单个人的本质，是他自己的活动、自己的生活、自己的享受、自己的财富。

我国春秋时代的写作，就是把重心放在学生的学上，可以说就是以学生为主体。教师教的职能主要是"启发""诱""喻""长善救失"等；学生学的形式主要是自己读书和活动。

学生是写作最重要的核心要素。学生是写作的主体，是写作中一切活动的出发点和归宿。写作必然受到学生身心发展规律的制约，只有适应学生身心发展的特征和需求，写作活动才能有效进行。写作必须成为学生身心发展成果的明智消费，必须运用身心发展的理论和知识，有效使用学生的天然资源，来提高学生写作的效率。

十九、实践论

作为人类有史以来最重要的哲学成果之一的马克思哲学，本质上是实践哲学。这是因为，实践观点是马克思哲学的根本观点，以实践范畴为基础构建自己的理论体系，使马克思哲学同其他哲学区别开来，完成了哲学史上的革命性转向。

人是唯一能够由于劳动而摆脱纯粹的动物状态的动物，人是由其自己创造出来的。通过生产劳动、实践活动，人自己创造出自己，人的实践活动就是人作为人的根据和根本属性，社会及其历史发展在本质上不过是人们的实践活动及其发展的表征。把人们联结为有机整体的社会结构及其存在形式是人们实践活动的产物，人们的心理、观念、精神及其他各种社会意识观念也都是实践活动的产物。人们之所以结合成不同于其他动物群体的人类社会，也是为了从事认识和改造客观世界的实践活动。这种改造客观世界的实践活动是一个使自然界（客体）人化的过程，又是一个使人（主体）的本质对象化的过程。建立在实践基础上的主体客体化和客体主体化构成了人的现实世界。所谓人和人的世界不过是在实践中展开的由实践规定的存在。实践是人的存在方式，是人的本质，是人类社会历史存在的本体。因此，以人的存在和人与世界的关系为反思对象的哲学精神，理应以实践精神为核心。

毫无疑问，实践活动的主体是人，人的主体地位是在处理自己同外部世界的关系的对象性活动中所处的自主自觉的地位。

首先，人在对象性关系中确立的"为我"意识。"为我"意识本质上是人从自己内在的价值尺度出发来选择和把握对象，"从自己出发"建立人与对象世界的关系。动物与他物的关系不是作为关系而存在的，凡是有某种关系存在的地方，这种关系都是为我而存在的。在人的对象性活动中，对象（客体）不能自发地与人建立起对象性关系，而是由人即主体来选择和确定的，外在客体能否成为人的活动的现实对象，不仅取决于事物本身的性质，还取决于主体的现实和潜在的能力和需要。任何自觉的活动都是为了满足人的一定需要，与人的需要（包括潜在需要）没有关系的事物不可能成为人的活动对象，不可能与人建立起现实的对象性关系。

确立"为我"意识，就应该一切活动都以人为出发点，以现实的人的需要为出发点。比如，一切社会经济活动，必须始终不渝地坚持以最大限度满足人日益增长的物质和文化生活需要为根本目标。再如，在对待古今中外文化遗产问题上，必须坚持"古为今用，洋为中用"的原则。总之，在一切对象性活动中，都应当保持清醒的"为我"意识。了解自己本身，使自己成为衡量一切生活关系的尺度，按照自己的本质估价这些关系，真正按照人的方式，根据自己本性的需要来安排世界。

其次，人对自己在认识和改造世界的实践活动中的能动作用具有自觉意识。现代科学和哲学发展已经揭示，人的认识即使是对自然界的认识也不是纯粹地对客观实在的直观反映，而是一个对客观实在的选择、过滤、加工、参与过程。在认识过程中，人参与到所认识和描述的对象世界中，人是宇宙中的人，他从内部并且以自己的方式来描述宇宙；宇宙也是人的宇宙，它以人类活动的对象和结果的形式出现，人把自己的精神赋予世界，并在创造中体现自己的本质。

认识对象是主体选择的，认识结果也是人与认识对象相互作用的产物，在认识结果中，记录着主体认识或掌握客观世界的能力。

在社会历史领域，人的能动作用更加明显，人不仅自己确定奋斗目标，而且必须通过自己的努力来实现奋斗目标。社会历史发展既是一个合规律性的自然过程，也是一个合目的性的选择过程。社会发展规律不是外在于人的必然性，它实际上是历史主体的活动规律。人自己创造自己的历史意味着在广阔的历史舞台上，每个人既是演员又是导演和编剧，人们并不是在表演已经由上帝、绝对理念或历史必然性预先编好的情节，而是每时每刻都在创作新的历史情节。

因此，人的实践活动不是消极被动地创造历史，而是积极能动地创造历史。大概没有比当代中国社会的发展演进更能体现人的历史能动性的了。众所周知，走社会主义道路，是中国人的选择；改革开放、建立社会主义市场经济体制，同样是中国人的选择。今天，对每一位中国人来说，更应该尊重和维护自己的主体地位，充分认识和发挥自己的能动作用，摒弃消极的决定论和宿命论观念，主宰自己的命运，开拓自己的未来。

第二节　小学生身心发展的基础性写作

一、一二年级，通过说话，注重学生"写作（表达交流）"兴趣的培养

为了使学生写作真正顺应与引导学生的身心发展，写作就必须有不同的重点，一二年级，重点是通过说话，注重学生"写作（表达交流）"兴趣的培养。

（一）突出口头写作

学生在有限的时间内既要考虑表达中心、选择材料、安排顺序，又要推敲词语，思维活动是十分复杂、十分紧张的。这种训练要求速度快——可以锻炼思维的敏捷性；要求条理清楚——可以锻炼思维的条理性；要求紧扣中心——可以锻炼思维的目的性；要求表达准确——可以锻炼思维的灵活性。坚持长期的口头写作训练，不仅有助于写好书面写作，而且对学生将来的发展具有重要意义，无疑是值得借鉴的。

鼓励学生说得越多越好，不会说的，启发学生可以用手势、图画代替，可以问别人，只要能把意思表达出来就好。如可以采用"画与话"的形式，先画一幅画，然后说一两句话，可以说自己画的内容，表达自己的喜怒哀乐，为什么高兴、为什么伤心等；可以鼓励学生就某一喜欢或讨厌的东西直接抒发自己的情感。

还可以让学生集体说一件大家都感兴趣的游戏或讲一个大家都喜欢听的故事，一组人无力完成，就一个班共同完成。

也可以一个组发一个 U 盘，轮流说、循环说，大家一起说自己最喜欢的故事或游戏。说得最好的，就把 U 盘发给他，作为奖励。这样可以形成一个比较、学习、竞争的过程。"你说得好，我要说得更好！"在这过程中，教师要引导同学之间相互观摩学习，还可以鼓励学生用自己喜欢的其他方式来表达自己的故事或见闻，对于语言表达功底好的学生，也可以鼓励他说自己改编或创造的童话故事。

低年级学生处在想象的敏感期，不要错过了这个阶段，如小孩子"过家家"，不停地说故事、编童话、编儿歌，这样可以开发学生的创造性思维。

（二）在玩具的观察认知中进行联想创新的写作

低年级的观察，要与其身心发展结合、与生活结合，特别是与玩具结合，要引导学生

观察同学带来的形态各异的玩具小动物、布娃娃，抓住它们各自的特点，考虑它们之间的相互联系，编童话故事。

客观事物的外部属性具有可见、可闻、可感的直观特征，人们通过各感官直接而迅速地摄取。众多的信息会刺激学生的感官，感官使之转化为生物电脉冲，通过神经传导输入中枢，最后投射在大脑皮层上。如观察玩具棕熊说故事，学生首先获得的是"浑身棕色的毛，胖墩墩。大脑袋，招风耳，滴溜溜直转的眼睛，粗壮的四肢"等小熊的外部特征。这些客观事物的特征通过人的各种感官进入大脑后，必然激起曾经感知过的类似的体验。大脑对感官提供的种种信息进行整理、结合而产生的直接映像与以往经验中的表象叠印在一起，形成一个新的、完整的表象。如小熊浑身棕毛，大脑袋，招风耳，粗壮的四肢，正面的、背面的、侧面的等种种信息，通过视觉感官进入那位学生的大脑后，就被大脑整合、叠印成一个玩具小动物的完整映像。

这是一个什么小动物呢？它有什么样的个性和本领？把这一知觉映像同曾经感知过的类似的体验相对照，从而识别出来了：这是一只小熊。紧接着，以往曾经在不同地方看到的各类小熊——动物园中的小熊、图画上的小熊、童话故事里的小熊等在大脑里留下的种种表象，则同这只玩具小熊的映像叠印在一起了。

学生就会说这只小熊是森林中有名的"大力士"，经常帮助小动物们拔树、搬东西……因为小学生头脑中的这只玩具小熊的表象已不完全如同客观事物那样，只是以一个永不变化的姿势、神态坐在那儿，而是变化不定的，是时而正面、时而背面、时而拔树、时而推车的，是一个新的、完整的、生动活泼的想象中的形象了。这些信息，都可以成为作文材料。在这一过程中，学生有思考、有比较、有选择。如围绕"过生日"，有的学生着重抓住了小熊圆圆欢乐的表情，小狗黄黄演奏的动态，小狗菲菲、卷毛狗金金、小黑熊贝贝恬静、喜悦的神情，编了一个有趣的童话。

从具体指导观察的过程看，教师要引导学生有次序地全面、细致地观察玩具的外形、衣着和动态，而且要让学生模仿玩具昂首挺胸的样子，引导学生闭上眼睛想想：玩具到底是什么样的，再动手画画，看谁记得最清楚。另外，还让学生同时在黑板上画、在讲台上说，全班学生边听、边看、边想。从心理学的角度看，这些做法可以深化小学生大脑里玩具的表象，使表象与言语紧紧地联系起来。

心理研究告诉我们，人在感知过程中所形成的对客观事物的映像，当事物不再作用于感官的时候，并不随之消失，而是立即以形象记忆的方式贮存进入大脑。心理实验证明，就在感官脱离具体事物的一瞬间，这一事物在人脑中的映象便立即开始淡化，部分地失去了原有的丰富性和鲜明性。随着时间的流逝，这一表象便无可避免地受到遗忘的淘汰和筛选，但同时又受到新的映像的辉映和烘染，从而发生一系列变化。一些事物或事物的某些方面可能被削弱、冲淡、消失，而另一些事物或事物的某些方面则可能被加强、浓缩、凸显，长期贮存在记忆系统中，成为库存的作文材料。

在同学们讲的童话故事中，会提到许多细节：小狗的精彩演奏，小熊的甜蜜回忆，小鹦鹉焦急的呼唤，熊大夫打针治病，实际上都是他们以往知觉后留下的种种表象，经过时间的筛选后，贮存在记忆中的库存作文材料。作文时，又根据各自作文的需要被重新组合，编进了童话里。这说明，知觉、观察直接影响着记忆的效果，十分重要。

（三）依据学生的认知心理特点，基础训练从动作和细节描写开始

如看视频写动作，逐渐向外貌、语言、心理活动递进，先易后难；从感官上调动每个儿童的写作欲望，从题材上丰富儿童的写作内容。

如观看《憨豆先生》视频，每遇到动作复杂、学生不容易理解的片段，就停止播放进行提问："上车前，憨豆先生弯下身子，从草丛里搬了一个什么东西上车？""车子为什么会在环岛区域转来转去？""瞧，憨豆先生正把头伸出车窗外，他在干什么？他嘴巴张开了，身子也伸出了车窗，这又是干什么？"……这样做，一方面促使学生对人物动作的关注和理解，另一方面加强人物动作的前后关联。为了加强故事的连贯性，在视频分解后，教师还要把整个视频完整而不间断地播放一遍。

二、三至六年级，在自我写作中，保持写作兴趣与提高写作能力

（一）坚持自我表达第一

我们的写作教学仍然是成年人把不适于学生思维与认知的写作标准强加给学生，仍然让学生模仿优秀作文，学生写作仍然没有自己的经验与表现的空间，学生仍然不能在自然地表达自我中得到应有的赞赏，学生仍然在过早地依照成年人的标准扭曲着自我。

学生被迫写作时，都会产生紧张和不满，如果作文得不到好评，学生会意识到自己写得差，自卑感油然而生——我不会写。更严重的是屡屡感受到挫折的学生会自然产生压抑，渐渐地会影响人格的发展。

模仿是学习语言的主要方法，但我们不能停留在无意义的模仿中，我们一定要在模仿中表达自己的思想、在模仿中完成与人的交流沟通，不能只有模仿，而没有学生自我情感的表达。

写作是根据自己的经验使用文字表达自我情感，经验会因为成长而发展变化，只要能

够做到言为心声、见心成文，学生的写作水平就会发生质的提高。

有创造性的作品都是个人美感的产物。学生写作需要学生最原始的自我表达，如同幼儿的牙牙学语乃是心灵最直接的表现一般，写作，最重要的标准是能够适意地表达自己的感情、表达对事物的评价，传达属于自己年龄（不同于成年人）的观念；表达过程中，学生可以充分自由地表露自我，洋溢一种创造后的成就感。因为人类写作最崇高的目标是追求最深刻、最有意义的自我表现。

（二）用自己的语言写作

过去，强调以文本的阅读和积累，来影响并规范学生的语言，以致学生产生错觉：只有像课文中成人化地说，才是好的；童音是幼稚的，不好听的。许多优秀的充满个性、童真和时代气息的口语也给强调没了。那些很会说的学生也怕作文。调查中，部分学生说写作就得扔掉自己熟悉的口语。写作时，不少学生都喜欢找些自己不熟悉而教师却赞赏的课文语言，如抛开自己熟练的右手书写而用左手，自然吃力又不讨好。

学生的写作就要吸取学生在课堂教学中活生生的言语作为"优美词句"，并运用于写作中，不要让学生觉得只有书本上的语句才是名言名句。如"花儿为什么会开"的对话，非常优美，充溢着灵动。学生甲说："她睡醒了，想看看太阳。"学生乙说："她一伸懒腰，就把花骨朵顶开了。"另一个说："她想和小朋友比比，看谁穿得漂亮。"最后一位说："花儿特别懂事，她知道小朋友都喜欢她，就仰起脸，笑了。"这些话，体现着小学生的认知与智慧，学生的身心发展的自然成果；体现着童真，充满了诗情画意，是实实在在的学生创造的优美词句。

如果让学生多说这样的话，并记录下来，学生的作文就充满了灵气。如果学生的写作就是这样与言语生活结合，作文就会变成学生生命历程的美好"史记"。

教师应该明白，写作不是叫学生另起炉灶，重新造就一套话语，而是引导学生对原有私人话语体系的改良、发展和创新，这一过程包含了私人话语体系和阅读话语体系、公共话语体系的交叉、渗透、活化、融合。学生的话语带着他们各自的体温，不可重复，是属于他们每个个体独特的私人话语，是冰心非常赞赏的"创造的、个性化、自然的，是未经人道的，是充满了特别的情感和趣味的，是心灵的笑语和泪珠"。这绝对不是编写教学参考书的成年人可以想象出来的，它不会是教学参考书的"标准答案"，但确实是小学生写作需要的最精彩的语言。

（三）让自己的经验富于意义

让自我体验无处不在，千方百计让学生在各种活动中学会体验，如荡秋千，要感到前后游荡的动感、手中绳子的质感、从高向低摇摆中感受到的几丝惊喜与刺激。

如女孩子喜欢玩洋娃娃，就要使洋娃娃具有意义、富于生命。这种意义必须以儿童的身心发展程度为基础。"你的娃娃漂亮吗？哪儿漂亮？眼睛怎样？鼻子怎样？嘴巴怎样？她最喜欢说什么话？最喜欢看什么书？喜欢在哪儿玩？她有朋友吗？她会找妈妈吗？"多提这样的问题，孩子的经验就可以扩大到洋娃娃身上，孩子就会对洋娃娃产生新的情感，就会与洋娃娃进行对话，甚至自己想睡觉时，就说洋娃娃想睡觉了，并将妈妈哄自己睡觉的全套话语重复一遍，直到自己进入梦乡。

这里，孩子因为经历过玩和睡觉，所以玩和睡觉就成为她的创作内容，她自己就和睡觉、玩建立了感情，有了心灵感应关系，有了自己的喜爱，并将喜爱表现在感觉、视觉和触觉的表述中。能够跟一般的事物建立起越来越多的感性的关系，其生活自然就变得充实而美满。

就玩的话题，还可继续引导：在什么地方玩？和什么人玩？玩的内容是什么？在叙述中，孩子会说到自己碰到的人、事、物，如一位学生说，我们开始玩老鹰抓小鸡，一条狗也跟着乱跑，玩的过程中推倒了刚修好的篱笆，踩坏了新铺的草地，草地维修工肯定会不高兴，因为他们汗流浃背地刚刚离开；后来，比赛爬树，自己因为不会爬树受到了阿洋的嘲笑，自己做出了有力的反击，在小殷的帮助下爬到了树上。这样，游戏就让学生感受了活动环境，体验了人与人之间的善意、帮助与嘲笑。

在这里，学生将自己碰到的狗、篱笆、草地、维修工、爬树、嘲笑、反击及小殷的帮助等自己认为有意义的事物以"玩"为线索组织起来。对自己玩的环境有感觉，对叙述的事物具有强烈的感情，对提到的人、事、物都有极强的敏锐感，在叙述踩坏的草地与推测个人的不满时，还流露出一种反省自己、体谅别人的神情。

这些思维过程都是在儿童的潜意识下完成的，进入学生玩的文章的人、事、物，都是持续创造过程中审美的产物。这里的情感，具有鲜明的个人色彩，是个人对环境与人事物情感的具体体验。

从写作的角度看，文章涉及的人事物并不是核心，学生个人的感觉、知觉与情感等创造的潜能比客观的人事物更重要，因为在写作中，玩成了学生生活与人生意义的一部分。

（四）从体验自己的需求推及体验他人的需求

如学生一直强调自己的需求，抢东西吃、抢玩具玩，他会难以融入群体，如想到别人也像自己一样想吃想玩，就可能会共吃共玩，大家就可能成为玩伴。当他逐渐成长，他会发现，自己生活在人类创造的文化环境中，大家也有许多共同的需求，也可以把他人的需求与自己的需求结合，或把别人的需求看成自己的需求，多体验这种自己与他人共同的需求，可以使自己的写作得到更多共鸣，听到更多发自内心的赞许。

（五）在自己的小事中写出自己的感受

我国"新课标"只在大范围内涉及人与自我、自然、社会和人生的关系，较少引导学生从多角度、多层面去认识和探讨现实生活中方方面面的现象和问题，顺序应该从日常家庭、学校生活到社会生活。虽然有些人大赞美国的小学生写大文章，但我们研究了学生认知发展规律后觉得，无论是从心理特点还是从知识水平来看，这是不恰当的。事实上，教师让学生写《我的成长纪事》，学生像流水账一样开了一张清单，而如果写《我又长高了》《我当足球守门员》，效果就好得多。如《放风筝》就写得很好："一个阳光明媚的下午，我们带着风筝来到学校的大草坪上，尽情展示自己放风筝的高超技艺，一会儿工夫，花花绿绿的风筝把校园的上空点缀得生机勃勃，沉睡一冬的校园似乎在我们的欢呼声中苏醒了！一个小时很快就过去了，孩子们依依不舍地从蓝天上拽回了自己的风筝。回到教室，大家还意犹未尽，七嘴八舌地交流着自己的快乐。"而让他们写抗日战争为什么会胜利，学生却无从下手。

（六）给文字技巧赋予生命

祖国的文字丰富多彩，富于生命的特质，如一些文字表现喜庆，一些文字传达悲伤，一些文字激动跳跃，一些文字冷静安详，一些文字给人以美感等。

技巧是学生使用材料表现自我的方法，是个性化的，技巧发展完全取决于个人的需要，真正有效的写作技巧是不能加以解释或传授的，作家班从来没有培养出优秀的作家就是力证。每一位学生都得发展出自己的技巧，一是自己的技巧必须适宜表现自己的欲望，技巧必须与内容融为一体，如记述、描写、议论适宜表现不同的情感；二是技巧的重复可以使学生增强自信，让学生能够写出自己想表达的感情。

教师的任务是在把握学生身心发展的基础上，在适当的时候为学生介绍适当的写法。如描写自己如何打篮球，就可以启发学生：你是怎样运球、如何穿插，投篮时的手臂、双腿的动作协调，蹲跳、跃身的节奏变化，最后得分。这样就可以使技巧与程序结合。在学生写出文章后，要引导学生体验文章，如你觉得这篇文章怎样，它可以给你什么启发，你喜不喜欢，为什么。将对文章的欣赏导向文字、内容、情感，增进个人对文字的感悟力，不引导学生对文章进行评判。这样，教师的指导就很有意义，文章的价值就得到彰显。

（七）构建适宜学生身心发展的年段进程与写作重点

三年级，学生正处在想象的敏感期，也是一个叛逆期，学生会有许多叛逆期的心理与行为，不要错过这个阶段，要让学生尽情地在写作中宣泄自己的各种情绪与困惑，让学生不停地写自己的不满、自己的故事、自己编的童话，自己对家人、教师、学校的看法等，这样可以化解学生叛逆期的不良情绪，还可以开发学生的创造性思维。

四年级，要突出培养学生的言语"素描"——描摹事物的能力。素描本是美术的基本功，习作也可以。四年级要注意描摹一景、一事、一物、一场面，按一定的顺序观察，同时丰富他们的想象力。可以就一景、一物、一事写一段文字，可以借鉴美国写作教学中的文段训练。苏联与法国都十分重视素描练习，如观察人的表情、天气、树木等来表现自己的快乐或忧愁，组织集体的素描训练，大家商量好了再写，有时是你写一两句，他接着写一两句，几个人共同习作。

五至六年级，形成写简单的纪实作文和想象作文的能力。如将活动过程记录成文，听不同的声音编故事，看连环画写想象文；进行想象接力。如《卖火柴女孩的新奇遇》《凡卡故事续》等，让学生展开想象，一个接一个地写。这样的"想象接力"，可以提高学生的写作兴趣，也可以让部分学生借助网络、图书，对自己感兴趣的动物进行资源的收集，然后进行整理、加工、组织、取舍、表达，发展写简单的研究报告的能力。

第三节 培养小学生写作创造力

一、根据小学生的个性特征，倡导个性化写作教学

创造力实际上是由特定的智力、智力运作及其操纵或推动力组成的系统能力。在不同的创造活动中，运用的智力、智力运作方式所需的人格特征是不同的。而教师在教学的过程中，往往会忽视学生的个性特征，也就容易限制学生创造力的发展。

（一）开展个性化教学的策略

传统的教学案例——《说说心里话》，能够启发学生的独立思考，并且运用了鼓励学生打破固定思维的教学方法，是我们需要学习并传承下去的，但是不能够平衡学生回答频率的这个问题，我们则要尽量避免。所以根据小学生的个性特点，提出三个教学策略。

1. 发挥独特才能，激发真实想法

每个学生都是一个独立的个体。通常把个体的人格定义为其独特的特质模式，是把人们区别开来的相对持久的方式。心理学家尤其对人们活动表现出的这些特质即行为特征感兴趣。这些行为特征表现在个体的兴趣、态度及气质品质等诸多方面。教师应发挥学生的独特才能，让他们敢于说出自己内心的真实想法。小学生的想法天马星空，涉世未深的他们拥有更加丰富的想象，看待这个世界也与成人不同，并且写作能放飞自我，他们可以在文字表述的过程中，尽情地表达自己内心所想，流露出真挚的思想感情，但教师在出作文题时，过于注重专项训练的模式化，甚至直接定下作文的框架，让学生成为被动的一方，这在命题作文中表现得尤为明显。所以，教师在日常的写作教学与训练中，应多采取半命题或是自主命题的方式，将自主权交给学生，让学生发挥自己的聪明才智，并且学会选择。但在命题自由的环境下，小学生很难适应这种变化。教师应选择一些吸引学生注意力的方式，来完成命题方式改变的过渡。

2. 打破思维惯性，引导学生想象

教师应让学生打破常规的思维，鼓励学生在写作过程中要善于想象、敢于想象。人们总是用固定的眼光去看待事物，所以思维常常受到限制，不敢轻易尝试具有挑战性的事情，并且在想法上也会小心拘谨。教师要善于引导学生，用联系紧密的问题去贯通学生的思路，启发他们的思考。例如，在描写关于季节的作文时，学生会自然想到与当下季节相关的事物，如冬季的雪。这时教师需要引导学生将思维扩散，启发学生除了冬天的雪还能想到什么。相继便有以下回答：冬天的阳光、冬天的火、冬天的游戏、冬天的妈妈……思维一旦被启发，学生的各种回答就源源不断了，在冬天这个季节，大家想到的不仅是冬天的冷与雪，还能想到冬天的游戏，甚至是冬天里的人。在教师的引导下，学生仿佛豁然开朗，这样写作的范围就扩大起来。在案例中，"说说心里话"面向的对象不仅是人类，还可以是植物、动物，甚至可以是空气等。

3. 分析学生实际，积极评价反馈

每个学生的情况不同，这就要求教师了解并分析学生的实际学情，因材施教，并且用积极又具体的评语来评价学生的回答。人格的功能性使学生群体中弱者更弱、强者更强。小学生是渴望被鼓励的群体，教师课上的一句评语、一个手势甚至一个眼神都能够给学生带来不同的影响。在教学活动过程中，教师希望的是每个学生都能参与其中，但是部分学生胆怯，拒绝回答教师提出的问题，面对这部分学生，教师在课堂上不能忽视。可采取如下方式：鼓励学生站起来，若不说话便让他坐下思考一会儿，并表示等一下会继续提问，在其他学生回答后，既能够启发这位学生的思路，纵使无用，也可使其重复别人的答案

（目的是促使该生回答，给教师鼓励他的机会）；若学生说出一两个字词，教师应写在黑板上，（让学生感受到成就感）同时联系主题随机编出一个回答，并表扬这位学生，辅以眼神沟通。而在日常写作课中，鼓励的方式不仅局限于评语层面，还可以用奖品的方式来激发学生的斗志。可以是秋天的一片落叶，也可以是春天的一朵小花，都可以用来奖励学生。既能起到激发学生兴趣的作用，又能培养学生诗般的情怀，赋予他们发现生活中美的能力。

综上所述，依据小学生的个性特点，提出了要发挥学生独特才能，打破思维惯性及分析实际学情来引导学生回答问题的教学策略。

（二）新型四年级教学案例《说说心里话》

在传统写作教学案例的基础上，依据教学策略的内容，尊重学生的主体地位，平衡学生的回答频率，让学生主动地参与到教学活动中，以此呈现出新型的教学案例。

第一环节：实物导入，激起兴趣

师：（举起手中的漂流瓶）有没有哪位同学知道漂流瓶的作用呢？

生1：可以在海上漂。

生2：别的地方的小朋友能看到我丢的漂流瓶。

生3：可以向它吐露我的心事。

师：大家说得都各有特色，那么今天老师就带领你们开启一段关于漂流瓶的故事吧。同学们先准备好小纸条、笔。

（设计意图：用漂流瓶的辅助作用，吸引学生的注意力，以便引出接下来关于"说说心里话"这个话题。）

第二环节：抛出问题，师生交流

师：我们今天的故事就叫"说说心里话"。（板书：说说心里话）同学们看黑板上的五个字，你们想到了什么？

生1：想到我心底的小秘密。

生2：想到我难过的事情了。

师：这两位同学回答得很棒，我还想请一位同学来说下他的想法，就是你了。（少言学生）

生3：……

师：没关系，这个答案没有对错，把你心里想到的说出来就行。

生3：不知道。

师：老师觉得"不知道"这个回答也是不错的，"不知道"说明你等会儿的答案将会有无限可能。等会儿，老师还要提问你哟。

（设计意图：用师生对话的方式切入主题，抛出简单的问题，让学生有回答的余地。同时还要关注上课少言的学生，给予他们回答的机会。并且这部分学生内心敏感，容易受到伤害，常常逃避现实，脱离人群。所以教师在上课的过程中，要为回答不出来的他们解围。）

第三环节：改变命题，开拓思维

师：那同学们想跟谁说说心里话呢？

生1：想对我的妈妈。

生2：想对老师。

师：那么大家再想想，在我们生活中，除了人类，你还可以跟谁说说你的心里话？小组交流并讨论。

（教师巡视）交流完毕。

生1：我可以对树洞说出我的心里话，还有我家的狗狗。

生2：我还可以对我喜欢的孙悟空说。

师：同学们真的很聪明，马上就能想到与众不同的答案了。那我们总结一下，我们可以跟人类说，跟动植物说，对不存在现实生活中的事物说。既然有这么可以说的对象，那么可不可以换个题目呢？

一致回答：可以！

师：我找几位同学说说看，能换成哪些题目。刚刚那位同学（少言同学）要做好准备了，等会儿老师要请你说说自己的答案。

生1：可以换成《我想说的话》。

生2：也可以换成《校长，我想对你说》。

师：这两位同学回答得都很棒，来，这位同学（少言同学）你来说下。

生3：老师，我还没有想好。

师：好的。那等你想好了，再告诉老师，请坐。好了，那老师需要你们将自己想到的题目写在小纸条上。

第四环节：趁热打铁，引导动笔

师：这会儿漂流瓶的肚子该饿了，它刚刚偷偷告诉我，特别想知道你们的心里话，让老师问你们，能不能赶紧把自己的心里话写下来？

生回答：可以！

师：那老师给你们 10 分钟的时间，在小纸条上写上你的心里话吧，不得少于 100 字。

（教师巡视，学生的动笔速度不同，教师可用相关语言进行启发。例如：你心里的愿望是什么，你最近想告诉别人的事情是什么，你现在不想干什么……并辅导那位少言同学进行写作，待学生写完，教师选取个性有创意的作品，让学生读出来，并在课上进行夸赞。）

生 1：我的题目是《彩虹，我想对你说》。彩虹，你五颜六色的样子像极了我的画笔，架在天空上，如同一座小桥。我曾经盼望着，能每天都能看到你。记得那次我因为考试不及格，心情很差，当我看到你的时候，我的烦恼一下子就没有了，我被你的美丽吸引。谢谢你给我带来快乐。

师：这位同学能够从生活中的景色出发，以彩虹为诉说对象，想法很独特！并且通过描写彩虹的模样，来抒发对彩虹的喜爱赞美之情，一气呵成。对了，老师刚刚发现一位同学（少言同学）写得也很棒，我们来请他读下。

生 2：我的题目是《考试，我想对你说》。考试，你在我心里就像一个恶魔，一听到你来临，我全身冒冷汗，就像生了病似的。但是我不惧怕你，虽然我讨厌你用低分来嘲笑我，但是我相信我总有一天会打败你，而那时的我就像英勇的奥特曼。哼，不信走着瞧！

师：这位同学简直把考试给写活了，将考试拟人化，写得生动又活泼。你看你写得很好。老师相信你的实力，相信你下次写的还会更好的！

（设计意图：启发少言学生进行发言，给予他们表现自己的机会，也将鼓励带给他们，赋予这部分学生信心。）

师：那现在请你们将你们写满心里话的小纸条卷起来，塞到漂流瓶的肚子里，漂流瓶会把你们的心里话飘向远方，也会帮你们实现自己的愿望哦。

（设计意图：借助漂流瓶，引起学生的注意力与好奇心，增强学生的参与性，并且教师可以课下进行批改，再以漂流瓶回来的形式，发放到学生的手中，让学生对文字进行修改。）

二、调动动机要素，开展趣味性写作教学

（一）激发动机的教学策略

传统的教学案例——《查字典》以游戏的形式，激发了学生的动力，成为他们学习写作的动机。接下来从动机的三个要素来探讨教学策略。具体过程如下：

1. 动机的激活功能——产生写作兴趣

兴趣是最好的老师，在作文教学的过程中，保持学生独特的好奇心，需要教师的促进与指导。任何一个主题的作文，都可以找到让学生感兴趣的部分，而将此作为导入的部分，就能够吸引同学们的注意力，使学生对接下来的教学过程充满期待。所以，在课堂上选择一个新奇的切入点，需要教师了解当下的新鲜事物，从学生的角度出发，而非立足成人的想法。例如在学习游戏类作文时，教师应将游戏带入课堂，让学生参与其中；在学习状物类作文时，教师可拿出具体的实物，打破仅靠书本知识教授的局面，令学生从实物出发，畅所欲言；在学习写景类作文时，不能依赖学生的想象与贫乏的文字，教师应结合多媒体设备，将更多的景色用图片视频的形式展现在学生的面前。

不仅导入部分可以激起学生创造的动机，在教学过程中也同样可以做到。课堂是个严肃的地方，如课堂上完全讲述新鲜有趣的事物，很容易使学生分心。所以教师应该在学生情绪亢奋之时，适当地提出关于写作的相关问题，让学生在保持兴趣的状态下，积极地参与到讨论的环节中去，起到趁热打铁的作用。写作需要循序渐进，在交流的过程中，教师应该尊重学生种种新奇的思考，对他们合适的言语表示适当的支持与赞扬。鼓励学生用文字的形式展现，从简单的写作中获得满足感，以此来推动写作动机。

2. 动机的指向目的——获得写作成就

成就感能够让学生的写作动机变得更强，所以在教学过程中，教师应根据实际的教学情况让学生有成就感。对于写作，每个学生都有自己擅长的一面，或是状物写景，或是描写细腻，又或是想象丰富。面对不同类型的写作主题，每位学生都应该对自己的能力定位准确，但大部分小学生缺乏自主学习的能力，这需要教师的指导。

一是开展不限主题的自由写作，让学生在这种活动中尽情地释放自己的写作才能。但是教师需要在写作完成之后，对每位学生的擅长领域进行总结。即便是在同一作文主题的条件下，教师也要学会引导学生利用自己的长处，来弥补写作的短处。例如想象丰富的同学畏惧写景类作文，教师可以从片段式习作入手，让学生在保持想象力丰富的情况下，积累关于景物的词句，并且使优美词句与自己的想象相融合，串联起一个个小片段。二是小学生处于写作的起步阶段，简单的写作方式能够使得学生获得满足感，从而对下次的学习充满信心。例如可以从词连句、句连段、段成文的形式着手，同时在布置作文题目时，也应考虑学生的实际情况，布置一些简单又易懂的题目。三是学生在简单的习作过程中开始有所懈怠，这时教师应增加写作的难度，使其更具挑战性。例如在题材上、在字数上、在形式上都应有所变化，让学生感受到写作是一个漫长的学习过程。在教师的指导下，学生渐渐领悟到写作的乐趣，在写作中能够自主地找到目标，令动机与写作训练融合，形成一种良性循环。

3. 动机的维持行为——坚持写作训练

原始的动机无法保证写作这一过程顺利继续，所以动机在完成激发功能之后，便要开始维持的功能。教师在这一过程中，应注意学生课内与课外的习作训练。例如在课堂上，教师应将写作练习与授课过程相联系，做到让学生主动去写，并且在评论时，选用本班优秀的范文进行品读与嘉奖，使学生明白写作这一活动同自己的预期目标达到了一致。而在课堂之外，教师应选取课内所传授的相关知识，给学生布置相关的写作作业。在作业完成提交后，教师应开展一些优秀作品评比赛，学生在这种比赛的过程中，感受到自己创作的乐趣。这样既能使学生记忆犹新，又可以起到复习巩固的作用。当学生写作的动机增强，良好的写作习惯便也随之养成。

综上所述，根据小学生的动机要素，可以通过让学生产生兴趣、塑造学生的成就感及对他们进行写作训练的方法，培养小学生的写作创造力。

（二）新型五年级教学案例《字典游戏》

通过分析传统教学案例——《查字典》，我们发现激发小学生的动机能够更好地促进他们写作创造力的发展。因此，在教学策略的基础上，呈现出新型的教学案例和创造性的教学模式。

第一环节：谜语导入

师：今天老师准备了一个谜语，端端正正小胖子，最爱把那文字吃，你若有啥子不知，打开它来慢慢识。（打一学习用品）

（设计意图：利用谜语的方式，激起学生的好奇心，并令他们动起自己的小脑瓜，待猜出谜底的时候，便能营造出良好的课堂氛围。）

生：是字典。

师：大家都很聪明哦。老师很好奇你们是怎么猜到的呢？

生1：因为是端端正正的，字典就是端端正正的。

生2："最爱把那文字吃"，字典里面就有好多文字的。

师：那除了这些，你们还有没有发现字典有其他的特点呢？

生1：它的壳子很厚也很硬。

生2：字典有很多页纸。

生3：字典能够帮助我们学习新字，是我们的好朋友。

师：你们说得很有意思。（并板书：端正、壳子、文字多、学习新字）

（设计意图：趁着学生对字典的关注度还未消减，将字典的特点细化，使得学生的观察注意力提升。）

第二环节：游戏环节

师：我们现在来玩一个关于字典的游戏，游戏规则你们来定。但是时间不可过长，保证每位同学都可以参与其中。

生：老师可以将字典当作击鼓传花的工具，从第一组第一排开始，老师背向我们，当老师说到"停"字时，传到字典的同学表演节目。

师：我觉得这个游戏规则特别有意思。但老师觉得表演节目有点儿浪费时间，不如请传到的同学说说在传字典过程中的心理感受吧。

（设计意图：将设计游戏规则的权力赋予学生，是教师与学生的互动形式。同时还可以激发学生的创新意识，不被游戏规则所限制。而教师面对新的游戏规则时，应具备随机应变的能力，使游戏与作文课的主题相衔接。）

游戏开始……

生1拿到了字典

师：这位同学，在没有拿到字典之前你心里的想法是什么。

生1：我感觉很紧张，大家传的速度都很快，我害怕传到自己这里来。

（师板书：紧张）

师：这个紧张的情绪是非常真实的，那么游戏继续。

游戏开始……

生2拿到了字典

生2：我觉得特别刺激，尤其随着后来同学们的速度越来越快，我似乎觉得自己的心都要飞出来了。

（师板书：刺激）

第三环节：及时练笔

师：看来这次的游戏让大家玩得很开心。那么老师现场要布置一个任务了，给大家10分钟的时间，写一段关于这场游戏的体验，不管是游戏过程还是游戏感受，不少于100字。

（设计意图：在学生都还兴致勃勃之时，让学生写下这一刻的场景与感受，是真实又生动的。）

教师巡视

师：大家都写完了吗，老师刚刚发现有位同学写的文字让我印象深刻，现在我们来请他读出来。

生1：我本是坐在角落里的，灰尘都快忘记了我。今天的一场游戏，让我意识到我也是集体的一员。在游戏开始前，我有点儿抗拒又有点儿期待，我不想参加这场游戏，但又好奇。在我想来想去的时候，字典就传到了我的面前，但很快它又走了。我突然回过神来，那一刻我看到同学们是如此兴奋。今天的我很开心。

师：大家觉得他写得好不好？如果好，那又好在哪里呢？

生2：我觉得他不仅写出了自己的感受，还写到了同学们的样子。

生3：他描写得特别仔细。

第四环节：教师启发

师：看来大家听得都很认真，那么在这次的游戏中，我们可以总结写此类的作文，有哪些内容可以写呢？

（设计意图：让游戏与写作的环节紧密相连，使学生的写作动机依然强烈。）

生1：写内心感受。

生2：写游戏过程。

生3：写同学们参与游戏时的模样。

师板书总结：内心感受、游戏过程、神情动作

师：看来大家今天玩得很开心，但是今天回家老师还给你们布置了一个小任务，利用我们总结的规律，写一篇关于今天这场游戏的作文，不少于400字。创作优秀作文的同学，有神秘奖励。如果全班写得都很好，这样的游戏我们下次还有。

（设计意图：课内的练习与课外的练习齐头并进，才能够起到促进的作用，并且以奖励的方式，来激起并且维持学生的写作动机。）

三、营造和谐的课堂写作氛围

教学的基本形式是课堂教学，但教学环境容易受到限制，而营造一个和谐的教学氛围则有利于写作教学的展开。

（一）活跃课堂写作氛围

课内环境条件的限制，阻碍了小学生写作创造力的发展。下面从三个方面论述如何在课堂上营造和谐的氛围，为学生创造良好的环境。

1. 营造课堂氛围，创造情境

课内情境氛围的创设，对学生创造力的培养起着重要作用。教师可利用图片、音乐、

视频等现有的教学媒体设计来营造出一个真实的情境。让学生在这种环境下，假想自己置于室外，并在教师的启发下，充分利用自己的想象，使其获得更深刻的感受，从而激发自己的创作动力。

例如，把坐过山车的经历，写成一件有趣的事。教师可选择第一视角下的坐过山车视频，投射在大屏幕上，让学生假想自己正在游乐园里坐过山车。同时播放相关的声频，让学生的体验变得更加真实。在体验结束后，教师可围绕坐过山车的细节、学生看到的事物、内心的感受等诸如此类的问题，及时向学生提出问题，并给予学生互相交流沟通的时间。

除了利用多媒体设计，教师还可以发挥自己的语言表达优势，将一个个场景用语言表达出来。在表达的过程中，教师应注意语速的控制与情感的表达。传达到学生的耳中，让学生闭上眼睛，如同在聆听故事一般，去静下心感受这一切。

例如在写关于山水风光之类的作文时，可要求学生闭上眼。随着淡雅的纯音乐响起，教师的叙说也就此开始。比如现在你站立于河岸边，下午三四点钟的阳光洒在了河面上，随着微风荡漾，湖面波光粼粼。这时不远处的杨柳飘扬，柳树的枝干好像少女的身姿，而发出新芽的柳枝，像是她的头发，在风中来回吹拂，这时已经在学生脑海呈现出一个意境美的画面。再让学生睁眼，请他们在这个画面里继续添加新的元素，使其呈现美感。如同绘画一般，不断地给空白处画上自己的内心所想，使这张画成为一幅内容丰富的作品。

不管是视频的辅助作用还是教师语言的渲染效果，都能够使学生在这种氛围下，让想象驰骋，对小学生创造力的培养起到促进作用。

2. 引导以说促写，培养习惯

由说到写是一个循序渐进的过程，让学生在这种过程中培养写作的习惯。小学生的天性是天真烂漫的，对于很多事物都有一些属于自己的新奇看法，如果让学生将自己的想法写在纸上，又变得一字难写。若先启发学生的"说"，再将"说"转化为"写"，这种过渡会变得顺其自然，也让学生容易接纳。

例如，教师以"假如我是……"为题，让学生参与其中，在班级开展自由发言的活动，可以说出自己各种稀奇古怪的想法。这时相继有学生提出《假如我是一只猴子》《假如我是一棵蒲公英》《假如我是一个星星》……学生的回答越来越多，教师应将语音输入与课堂相连，充分利用科技的力量让学生说出来的话即时转化为文字，投射在屏幕上。当学生的回答呈现在屏幕上时，能够让学生有成就感。

在说的过程中，学生往往会出现以下问题：一是语言简短，叙述不详细；二是语言不简练，如记流水账；三是词句积累的匮乏，重复不断。其中有一个学生说：假如我是一棵蒲公英，我要随风飘向很远的地方，看到全世界的美景。如果这类学生属于少言的，教师应将这句话同步到屏幕上，让同学们继续为之扩写：有的同学想到蒲公英的外貌，有的想到蒲公英为什么能飞起来，有的想到蒲公英的喜好等。

最后结合大家的回答，将此句修改为：

假如我是一棵蒲公英，我有着洁白的身体，毛茸茸的样子看起来可爱极了。我喜欢跟风儿公公玩，他知道我爱旅游，所以他总是将我吹起来，让我飘在空中，这样我就可以像一把小伞一样，飞向我自己想去的地方了。我最喜欢去草坪，绿油油的一片，我在肥沃的土地上落下我的种子，在这里生根发芽。

由说到写的这个过程，考验的是教师的耐心与对学生的启发，通过学生口头表达方式与书面表达方式的对比，令学生直观地看到这其中的差距，也让学生在这种教学活动中不断积累经验，获得进步。

3. 举办年级合并活动，激发思维

多年级融合在一起上课时，会让学习思维互相启发，起到促进交流沟通的作用。不同年龄阶段的学生知识储备不同，思想看法不同。多年级融合上课的模式，虽然实行起来颇为困难，但能够达到优势互补的目的，学生之间相互启发。中高年级的学生能给低年级的学生带来丰富的词汇，而低年级的学生独特的想象力熏陶中高年级的学生。在这个过程中，大家共同学习，用别人的长处来弥补自己的短处，共同提高写作能力。

例如，教师可利用课外活动时间，一个年级选择 10 名学生，重新组成写作新班级。这里以"石榴"为主题，让不同年级的学生仔细观察，并对此展开讨论。

低年级的学生发言次数比中高年级的学生多。低年级的学生涉世未深，思维还未受限过多，对事物有属于自己与众不同的看法，但是语言的表达由于积累过少，所以语言生活化，没有文学的美感。而中高年级的学生更愿意在思考之后提出看法，细细斟酌，用丰富的词汇来润色自己的语句，但是对比低年级的学生，在想象层面则束缚不少。

综上所述，根据营造课内环境来培养小学生的写作创造力，可以通过营造良好课堂氛围、培养以说促写习惯、举办年级合并活动等教学方法来加以展开。

（二）新型四年级教学案例《校园一角》

在教学策略中，教师可以利用学生的想象来营造良好的课内环境，还能够用以说代写的方式促进学生之间的交流，甚至还可以开展多年级融合上课的活动。因此，依据教学策略的内容，呈现出新型的教学案例。

第一环节：轻松导入营造氛围

师：大家有没有发现校园有什么变化呀？（直切主题，引出接下来关于校园的话题。）

生1：我发现学校多了一条石子小路。

生2：我发现花坛里有发芽的植物。

生3：我发现进门的教学楼，墙面重新刷了，看起来很新。

…………

师：大家的观察特别仔细，要不是你们告诉老师，老师还没有发现学校还有这么多变化呢。

（设计意图：由学生主动思考校园的变化，提高他们回答的积极性，并为接下来的课程内容做好铺垫。）

第二环节：发挥想象积极发言

师：请大家闭上眼睛，想象你正在欣赏校园的景色，告诉老师你看到了什么。

（播放舒缓的音乐，赋予学生想象的时间与空间。）

生1：我刚看到了紫藤萝走廊。

（师板书：紫藤萝走廊）

师：好，这位同学说他正在欣赏紫藤萝走廊，我再请大家将眼睛闭上，随着老师的话语进行想象。一大串一大串的紫藤萝悬挂在走廊的顶上，走过去的时候，仿佛能嗅到一丝芳香，走廊是曲折前进的，一眼望不到尽头。请大家睁开眼睛，刚刚你又看到了什么。

生2：我看到大片的紫藤萝都盛开了。

生3：我还看到走廊顶上缠绕着老藤。

生4：我似乎闻到了紫藤萝的香味，那种味道是淡淡的。

…………

（学生在老师的语句启发下，在闭眼想象后，仿佛置身于实际情境中。）

第三环节：掌握扩写及时运用

师：我挑选了一句话，呈现在黑板上，希望同学们能够用扩写的方式，修改这句话。

（师板书：我看到走廊顶上缠绕着老藤）

生1：我看到走廊顶上缠绕着老藤，就像蛇一般。

生2：我看到沾满灰尘的走廊顶上缠绕着粗粗的老藤，看起来非常倔强。

…………

师：你们的回答出乎我的意料。现在能不能按照"我看到（……）走廊顶上缠绕着（……）老藤"这样的句式，将你们刚刚的答案填进去？

生1：我看到破旧的走廊顶上缠绕着粗粗的、充满历史感的老藤，老藤像老人的皮肤，布满了皱纹。

生2：我看到水泥做成的走廊顶上缠绕着如蛇一般的老藤，在走廊顶上扭动。

生3：我看到沾满灰尘的走廊顶上缠绕着粗凹凸不平的老藤，看起来非常倔强。

师：老师给你们点赞！我们再看下一句话：我看到紫藤萝盛开了。依然需要你们用扩写的方式，修改这句话。

（设计意图：通过教师的语句启发，为学生营造一个安静和谐的想象氛围，再利用讨论交流的方式，为学生提供回答的机会。最后教师统一格式，让学生的想象变得清晰，依靠想象与扩写的方式，最终让简单的语句以书面语的形式呈现在黑板上。）

生1：我看到茂盛的紫藤萝骄傲地盛开了。

生2：我惊奇地看到那一片紫藤萝盛开了，像一个个紫色的冰淇淋，倒挂在那里，诱惑我去欣赏它们。

生3：我看到那一片紫藤萝盛开了，淡淡的香气飘在周围，好似一个个花仙子。

师：老师看到你们精彩的扩写，觉得你们都可以成小作家了。那除了紫藤萝，你们刚刚还看到了什么？

生1：我看到了安静的湖面。

生2：我看到了热闹的操场。

…………

第四环节：布置作业以便巩固

师：刚刚我们通过对紫藤萝的扩写，以及各个方面的细节描写，相信同学们已经领悟到闭眼想象与扩写的精髓了，现在请大家按照刚刚我们讨论的方式，对你脑海中想到的校园一角进行描写。

（设计意图：将教师的教与学生的学相结合，选择适当的时机，将写作的主动权给予学生，让学生趁着激情未减，写出生动的作品。）

四、利用丰富的课外写作环境

在写作教学中，课外环境能够为我们提供丰富的素材。尤其在写景类写作教学中，教学过程中若是没有利用课外环境，会让教学效果受到影响。

（一）开展课外实践活动

传统的教学案例——《秋天的景色》，让学生从生活实际出发，用轻松的心情去对待写作。但未能利用课外环境，让教学效果大打折扣。现就如何利用丰富的课外写作环境，提出两个教学策略。

1. 进行户外活动，寻找写作突破口

走出教室，用亲近自然的方式让学生感受到其中的乐趣。教学条件的限制，让教学活动只能在课堂内进行，这种上课方式是传统的，只能用言语向学生阐述教学过程。虽然大大节约了教学时间，但是没有让学生切身体会到其中的乐趣，导致作文的组成只能凭借日常的词句积累，还有一些反复运用的素材，无法给读者一种新鲜感，也就很难找到写作的突破口，长此以往就成了恶性循环，也就谈不上创造力的培养了。

小学生的想象力是需要被启发的，但仅依靠想象完成的写作，往往没有说服性，还需要真实情感的参与。所以，提倡教师利用合适的机会，在保证安全性的情况下，带领班级学生出游来亲近大自然，感受生活中的事物，让他们用眼睛去观看、用手去触摸、用头脑去思考、用心灵去感悟。小学生大都惧怕写景类的作文，是因为与叙事类作文相比，在主题上更难把握，且没有实际的素材供学生参考，所以只能用"很美""太美了"这样贫乏的词语来形容景色，导致学生的思维很难打开，文章空洞。

创造是一个"双向联结过程"——两个先前并不相关的"思想矩阵"联结生成一个新的观念或产品。这一过程涉及"注意力指向先前没有注意的事物，这个事物在过去的情境中是无关的，但在新的情境中却有关，由此发现了潜藏的关联。"就像关于春天景色的主题，学生对此想到的就是小草发芽、冰雪融化、树长出了新枝等一些轻而易举就可以回答的答案。但如果受到同学与教师的启发，就会联想到与春天景色有着某种潜藏关联的事物。

例如，教师可以在春天里带领学生举行户外活动，要求学生欣赏春天景色，并且把所看到的记录下来。首先学生自主发现。让他们感受一下春天温柔的风儿、换上春装的人们、被吹起的杨柳、春雨的细腻……这是属于春天的内容。当学生置身实际的环境中，所接触的便深深刻在了脑海中，成为转化文字的来源。其次教师启发补充。让学生在感受春风时，教师还应及时询问学生感受，让学生主动说出一些词语来表达春风，教师可趁此丰富学生的词汇库，让学生的印象加深。同时引导学生选用修辞方式来形容春风，如学生很快将春天的温柔与棉花糖的柔软联系在一起，将吹起的杨柳与轻盈的面纱联系在一起……，在词语丰富的基础上，教师再用比喻的手法加以引导，更容易激发学生的想象力。

2. 组织家长参与，促进家校联动

写作教学不仅依赖教师的教，还需要学生的主动及家长的配合。学校教育与家庭教育相结合，才能够使教学发挥出它的优势。一个愿意与孩子交流沟通的家长，更容易培养出情感细腻的学生，他们心中是充满爱与关怀的。但家长工作繁忙的实际情况，容易忽视学

生的内心，导致这部分家长偏激地认为学生由老师教就足够。所以教师应适当地布置一些不耗时不耗力的活动，让学生与家长共同完成。或是向家长提出建议，寻找机会带孩子旅游开阔眼界。

例如，教师可以偶尔布置一些简单的手工活动，比方做一个独特的纸杯子。由学生来设计，家长辅助学生制作，这样既能培养学生的创意想法，又能够减轻家长的时间负担，同时还能够为他们创造交流沟通的机会。在活动结束后的写作课上，教师将活动过程细化，分为开始前、进行中、结束后三个部分。并且向学生询问相关细节，比如在开始前，学生大都回答的是如何准备工具。此时，教师可问学生除了准备工具还想到了什么，相继便有学生回答如何设计、设计成功又是怎样的心情、如何说服家长参与……不同类型的回答陆续出现，这个现象说明学生已经突破最初的思考限制。在教师引导与讨论之后，由教师来确定这次的写作的主题，让学生写下关于这次的手工活动，在教学实践中发现学生不仅写活动的过程，还有对活动的心得感受。

综上所述，可通过组织学生进行户外活动、鼓励家长配合班级活动的方法，来培养小学生的写作创造力。

（二）新型六年级教学案例《秋天的爬山》

通过分析传统写作教学案例，我们发现利用课外环境更有利于发挥学生的想象力。因此依据教学策略，呈现出新型的教学案例。

第一环节：传达惊喜

师：秋天到了，今天老师要给你们一个惊喜，那就是带你们出去玩！

生：好！老师带我们去哪儿玩？

师：你们看天气这么好，不妨我们去爬山吧。

生：好啊好啊！

（设计意图：开始不告知学生出去玩的意图，以免给学生造成心理上的压力，让他们以放松的心态去好好玩一下。）

（爬山时教师提醒同学们注意安全，鼓励同学们相互帮助。）

第二环节：谈话引导

师：（在爬山过程中）你们在爬山的时候看到了什么，经历了什么，能不能跟老师分享一下呢？

生1：我看到了各种说不上来的树木。

生2：我刚刚爬不动的时候，是小明在旁边陪着我爬上来的。

生 3：我第一次爬这么高的山，心里很激动。

生 4：我看到好多落叶，风儿吹过，树上的叶子就飘落下来了。

…………

（学生争先恐后地回答）

师：大家说得各有特色，那我们继续爬，等会儿到了山顶会有惊喜哦。

（设计意图：在进行活动时，利用现有的条件，在学生精神亢奋的情况下，激起学生表达的欲望。同时教师要懂得与学生进行交流沟通，提出的问题要结合当时情况，尽量范围扩大，不限制学生的想法。）

第三环节：深层挖掘

师：大家看，我们已经成功爬到山顶啦！现在的你们发现了什么？

生 1：我发现了山底的屋子变得好小。

生 2：我发现山顶的空气很新鲜。

生 3：我发现我们每个人都累得气喘吁吁的。

…………

师：通过这几位同学的回答，我们发现到达山顶，有些同学在用眼睛看、有的同学在用鼻子闻、还有的同学观察到了同伴的状态。你们的观察都很细致，可惜刚刚老师在爬山的时候没有注意到你们看到的这些，现在老师又特别好奇，你们能向老师详细介绍一下吗？

生 1：老师，我刚刚看到那个山上有雾，雾是白色的，看起来很好看。

（这位同学发现雾，但是对雾的修饰仅限 "白色" "很好看"。）

师：那这个雾像什么呢？（进一步根据学生印象深的事物，启发学生发挥想象。）

生 1：像冬天玻璃上的雾气，还像白色的蚊帐。（这时学生思维被打开）

师：说得生动极了，还有没有同学要给他补充的？

生 2：老师，我觉得雾穿过山顶，山顶就好像孙悟空一样，有着腾云驾雾的本领。（生 2 用拟人的手法，将山顶与雾联系在一起，将景色动态化。）

师：你的回答很独特！还有同学回答吗？

生 3：我觉得雾就像冬天里从嘴里哈出来的气。（生 3 将雾与生活的实际相结合，进行联系想象。）

师：不错，大家觉得像不像？

生齐：像！

师总结：我们可以用比喻来形容山雾（像雾气、蚊帐），还可以用拟人的手法来将山顶与雾结合，甚至还可以联系实际，说雾像哈出来的气。所以我们在平常写作文的时候，当你觉得自己无法下笔的时候，你就可以发挥你的想象力，充分去想一下它像什么。

第四环节：改变思维

师：那还有没有同学能给老师介绍一下其他的呢？不一定是景色，也可以是你在爬山时经历过的趣事，甚至是你爬山时内心的想法，都可以告诉老师。

（设计意图：转变学生的常规思维，教师及时切换方向，让学生多些思考的内容。）

生1：老师我开始爬到一半的时候就很累了，当时就很想放弃，可是后来我突然看到山下的景色，我就又想继续爬了。

师：那你想放弃的时候，有没有什么具体的表现呢？（紧追提问，目的是让学生能够详尽表述。）

生1：我感觉有点儿头晕，又想吐，并且心跳声音很大，那一刻我有点儿后悔出来爬山了。

师：这样一说，老师就知道你当时是什么状况了。那头晕、想吐的感觉又是什么样的？心跳的声音能不能用文字进行描述呢？有没有同学能对生1的这句话进行扩写呢，让这句话更加详细。

（设计意图：教师用几个问题来引导学生思考，培养学生的思考能力，提高学生的参与度。）

生2：我感觉自己现在像坐在摩天轮上，晕乎乎的样子让我看不清脚下的路。胃里又有点儿恶心，想吐又吐不出的感觉真是糟糕透了。这时"咚咚、咚咚"的响声从我的身体里传出来，原来是心脏跳得太快了，好担心它会跑出来。那一刻我有点儿后悔出来爬山了。

师：同学们说扩写得好不好？如果好，又好在哪里？

生3：写得好！说坐在摩天轮上，我就知道晕是什么样的感觉了。并且"咚咚、咚咚"的心跳声，说明心跳的声音很明显啊。

师点评：回答得都有个性！生2的扩写让你们仿佛感受到头晕想吐心跳的滋味。为什么他的扩写能有这样的效果呢？是因为他联系生活实际，将头晕与摩天轮相联系。用具体的声音"咚咚、咚咚"来写出心跳的剧烈。所以你们写作的时候，也要做到如此。

（设计意图：一个话题让不同的学生参与其中，让学生的思考都在进行中。同时生1到生3的回答过程，是一个让语句变得丰富的过程。通过生1的发现、生2的扩写、生3的点评这三个环节的教学活动，学生就能感受到更强烈的成就感。）

师：看来今天大家玩得都很开心，那么你们也让老师开心下。老师想知道你们今天都看到了什么，做了什么，感受了什么。需要你们以今天的爬山内容为主题，写一篇关于今天的作文，不少于600字，题材不限，题目自拟。

（设计意图：学生的激情此时还未退去，用平等的方式进行对话，学生更容易接受。结合活动的内容、活动中教师问题的引导，以及学生踊跃回答的启发，布置相关的课下习作训练。）

第六章

学生视域下的小学语文阅读能力培养

第一节　小学语文阅读能力的发展阶段

一、小学语文阅读能力发展的特点

学校阅读教学可以有多大作为，在很大程度上取决于是否能基于阅读能力的发展规律，进行有目的、有计划的阅读教学。语文学习的整体性、复杂性毋庸置疑，但从前文的解析来看，阅读能力的发展是有些基本规律的。在阅读能力的发展过程中，有一些可观察、可测量的"台阶"；在阅读能力的逐级发展中，有一些重要的质性变化。这些可预期的发展变化点，正是我们教学、测试中需要关注的。阅读能力的发展机制就像是一个"黑匣子"，如果我们能对它有所洞察，并在教学、测试语境中对学生阅读能力的发展有较为明确的期待，那么，我们的教学和测试会更有针对性。

近年来，对阅读能力构成的研究不断深入，逐渐呈现出立体化的发展状态。阅读能力的发展呈现出更隐性的变化，是那些关键能力要素的持续发展和变化所体现出来的。具体体现为：①识别的对象从显性到隐性，从简单到复杂；②识别的信息从零散到有规模，从识别单文本内的信息到跨文本识别相关信息；③从识别和定位信息本身，到连带识别特定信息的支撑性信息；④从根据任务识别文本内容方面的信息，到基于一定的理论识别文本形式方面的关键信息；⑤从根据任务识别文本内容方面的信息，到基于一定的理论识别文本形式方面的关键信息；⑥从根据外在任务识别信息，到为了特定的目的自觉地定位相关信息。

二、小学语文阅读能力发展三阶段

我国小学生阅读能力的培养，主要途径是以具体文本为抓手的阅读教学。这一途径本身自然并无不妥，学生的阅读能力的确是在文本阅读的实践过程中逐步发展起来的。然而，对于这一过程，我们似乎将关注点更多地放在如何获得适宜的文本解读结果上，而并未重视学生阅读能力的发展状态，也似乎并不善于诊断、描述和有针对性地提升学生的阅读水平。即使是在考试层面，我们也还不能自信地说可以较为准确地诊断学生的阅读能力。

（一）阅读能力的结构要素

阅读能力是一种综合运用的能力，它由相关的能力要素构成。

关于阅读能力要素的分析，是基于不同的研究方法和视角提出的。有的是用定量的方法；有的是采用定性的方法；有的是站在语文学科教学论的视角看待这一问题；有的则是从认知心理学的角度进行分析；还有的是从大脑心理功能角度进行考察。以往的研究从某种程度上揭示了阅读能力的要素组成。综合各方的观点，这里尝试从阅读的速度、广度、深度及方法四个维度来探讨阅读能力的结构要素。

1. 从阅读速度角度来看，需要掌握快速获取信息的能力

速读是一种能力，是需要经过专门训练的真正"眼脑直映"的阅读方式。真正高水平的阅读，应该有一定的阅读速度。特别是在当今信息化和知识大爆炸时代，速读能力显得尤为重要。国内外相关的阅读能力测试都将速度作为一个重要指标评价小学生的阅读水平，如 PISA 测验等。

2. 从阅读的广度来看，需要具备拓展阅读的能力

知识是相互联系的，这就要求读者能够广泛阅读各种类型的读物，读一篇文章或一本书能够带读许多书，不断地扩大自己的涉猎面；同时，随着信息时代的来临，也要求个体能够运用互联网、图书馆、数据库等广泛搜集、浏览各种类型的丰富的阅读资料。既能够从各种文本材料中获取知识，同时也能从日新月异的科技文本中收获新知。

3. 从阅读的深度来看，需要形成的能力

（1）认读能力

指对所呈现的阅读材料的基本解码能力，运用词汇、语法、句法及语言学方面的知识储备感知、辨识文字符号与篇章结构，进而获取材料中的主要信息及基本意义。

（2）理解能力

在感知材料的基础上利用已有的知识与经验，通过概括与分析、归纳与演绎、分类与比较、联想与想象等思维活动，了解阅读对象的思想内容和语言形式等。

（3）评价能力

能够为了特定的目的和情境需要，对阅读材料包含的思想内容、情感态度、价值观及

语言形式等做出反思与评价。

（4）鉴赏能力

对阅读材料所包含的美进行感受与欣赏，如品味作品中的具有表现力的语言，体味作品中感人的行为、情境和形象等。

（5）运用能力

运用所读的信息材料创造性地解决实际问题的能力，如学习使用阅读材料中的表达方式，在原文的启发下创作有价值的作品，学会利用文章中的信息和含义解决生活、工作和学习中的问题。

4. 从阅读方法的层面看，主要涉及的能力

（1）朗读与默读的能力

能用普通话正确、流利、有感情地朗读课文；默读正确，不指读。

（2）做读书笔记的能力

阅读的时候能够使用圈点、勾画和批注等做读书笔记，能够写内容提要。

（3）查阅工具书的能力

能够使用工具书查阅所需要的资料，解决阅读中遇到的问题与困难。

（4）选择读物的能力

能够在丰富多样、种类繁多的阅读材料中依据一定的标准和方法选择有价值的、高品位的读物进行阅读，具有一定的阅读品位。

（二）小学语文阅读能力发展三阶段分析

一个人的阅读能力不是天生的，也不是一下子形成的。它是在阅读教学的指导下及长期的阅读实践中逐步培养起来的，是一个从低级到高级的动态发展过程。在这一过程中，其发展水平与个体的生理、心理及思维发展水平密切相关。

在文本的阅读类型方面：第一学段（小学一、二年级）要求阅读浅近的童话、寓言、故事，诵读儿歌、儿童诗和浅近的古诗；第二学段（小学三、四年级）要求复述叙事性作品的大意，诵读优秀诗文；第三学段（小学五、六年级）提出阅读叙事性作品、诗歌、说明性文章及简单的非连续性文本。

三项阅读核心能力维度的基本内容：

1. 语言理解能力

能在理解的基础上，对文章的文字符号做出迅速而准确的感知、辨识，快速、准确地查找到所需要的信息，并加以积累的能力。语言理解能力是第一学段的阅读核心主要能

力，其依次为"检索""积累"两个层级。

2. 内容概括能力

对文本信息进行整理、意义建构、逻辑推论及分析概括的能力。具体为能根据问题在文本中寻找准确的信息并能恰当地表述；联系上下文和自己的生活积累，推想课文中有关词句在语言环境中的恰当意义及深层意思；理清篇章内部段落间或层次间的内容关系；能从整体上把握篇章某处、多处及全文的主要内容、核心思想及情感态度倾向，推断篇章隐含的情绪、观点、态度、道理；归纳文章的主要内容等。内容概括能力是第二学段的阅读核心主要能力，其依次为"解释""概括"两个层级。

3. 思想感悟能力

对文本内容和形式进行价值判断，对自身阅读进行理解监控，利用理解的信息解决问题或拓展延伸服务表达的能力。具体指领会和掌握文章在遣词造句、起承转合、布局谋篇、剪材选材、思想立意等方面的表达效果与形式，能评鉴精妙的语言及表达技巧，能迁移运用文章的表达方式，甚至在此基础上进行个性化的表达等；评说文中人物、作者，提出观点，说明理由；评说文章的观点与思想内容；提出文章新写法、解决问题新办法。思想感悟能力是第三学段的阅读核心主要能力，其依次为"鉴别""拓展"两个层级。

第二节　小学语文阅读能力分段培养逻辑基点

一、小学语文阅读能力分段培养的理论基础

21 世纪是信息爆炸的时代，海量的信息犹如空气般弥漫在我们社会的整个空间，而阅读就好像呼吸一样，成了我们生活的基本功能和基本生存方式。未来的人才要有很强的自主学习、自我发展的能力，这一切都要通过阅读来实现。

（一）巴赫金"众声复调"对话理论

在文艺界领域，苏联著名批评家米哈伊尔·巴赫金（Mikhail Bakhtin）是公认的最早提出对话理论的学者。他主要是通过分析陀思妥耶夫斯基的"复调"小说，以及拉伯雷小说进而分析思考得出的对话思想。除此之外，他也深受西方哲学思想的影响，基于一种社会语境提出：人们的思想在某方面受到了一定的压制，而存在成了人类的问题。巴赫金认为人类的生存状态"你压制我、我压制你"是不行的，而应该是一种"对话"的形式，

对话是存在的本质。他指出：一切都是手段，对话才是目的。单一的声音什么也结束不了，什么也解决不了，两个声音才是生命的最低条件，生存的最低条件。巴赫金的对话思想中体现出这样一个内容，我们每个人都是这个世界上独立的个体，都是独一无二的；我与他人都是"人"的组成部分，他人是我存在的前提，我存在于和他人的对话交往中。

巴赫金把对话分为狭义和广义两个方面。从狭义来讲，对话是指说话者与对话者之间的言语相互作用的形式之一；从广义上讲，对话则包括不同范围、不同层次的言语相互作用的形式。他还提出在文学的诸多因素中都存在对话关系，即"对话关系不是存在于具体对话的对语之间，而是存在于各种声音之间、完整的形象之间、小说的完整层面之间（大型对话），而同时在每一句话、每一个手语、每一次感受中，都有对话的回响（微型对话），人作为一个完整的声音进入对话。他不仅以自己的思想，而且以自己的命运、自己的全部个性参与对话"。巴赫金"众声复调"对话观是建立在对小说的分析上的，包括人物对话在内的情节上，因此他不仅是单一复调，他认为说话者和对话者不仅限于人与人之间，而是多声部的全面的对话理论，意思就是说在文学中存在多种对话，作者与人物、读者与人物、人物与人物、读者与作者之间都是存在对话的。这对我们的语文教学是非常有借鉴意义的，把它与语文教学相融合，不仅会在理论上帮助语文教学提供一定的方式，也会在实践上给予教师与学生新的视角和空间，促进他们的成长与发展，启发教育行业人员去更多地扩宽自己的眼界，关注学生与学生、学生与教师、教师与文本及学生之间的对话。

（二）脑科学理论

20 世纪中叶以后，世界各国的神经生理学家、心理学家、分子生物学家、生理心理学家们，立足前人的研究成果之上，对人的大脑和神经生理机制进行了丰富而又卓有成效的研究，形成了一系列的脑科学理论与假说。

近年来，随着高新科学技术的不断发展运用，以及人们对脑科学研究的深入持续关注，关于脑科学的各种概念不断地被归纳总结出来，理论成果也是日渐丰富。

脑的不同功能的发展有不同的关键期，某些能力在大脑发展的某一敏感时期最容易获得。如对语言学习来说，音韵学习的关键期在幼年，而语法学习的关键期则大约在 16 岁以前。关键期，学生学习的可塑性与发展速度都受到很大的影响。此外，对不同的学习者来说，脑的不同功能发展的关键期也并不完全一致，存在一定的个体差异，在脑的不同发展上有不平衡性。因此，在我们的基础教育中一定要抓住各个关键期，让诸如视觉、听觉、语言等能力都应适时地打开"机会之窗"（Windows of opportunity），使学习者脑的不同功能得到及时的发展。

心智的结构是多元的，而情感就是其中的重要组成部分。脑科学研究越来越多的证据表明：情感在人类学习中起着不可低估的作用，情感与认知并不是对立的两个过程，而应当理解为两个并行的过程，它们以特殊的方式联系在一起，对学习者有不同的意义或价值，都是大脑神经整体功能的体现，反映出神经活动的效率。

脑科学研究已经被证实是当前教育发展的重要方面，在新课程改革中其将会得到更加长足的进展。因此，在基础教育改革研究中，特别是在研究学生学习的时候，教师应该更多地关注和吸收脑科学研究成果，及时把握脑科学的最新前沿发展，着力于开拓这一领域，努力推动教育科学和教育实践的不断创新，从而促进学生学习全方位的革命。

（三）皮亚杰认知建构学习理论

认知建构学习理论由让·皮亚杰（Jean Piaget）提出，他强调学习过程的建构性。该理论的主要观点是：个体从出生开始就根据其自身经验，在脑海中建构个人意义，即建立该个体对世界及其身边事物的理解。皮亚杰将学习者个体视为认知建构的主体因素。

皮亚杰就从婴儿到成人的不同阶段人们是如何学会认识事物进行了探究。他指出：在生命的所有阶段，人们对事物的了解最主要是通过个人经验的积累而获得的，然而在生命的不同阶段，人们对个人经验又会产生不同的理解。根据皮亚杰的观点，人们的生命按如下不同阶段进行划分：①感知运动阶段，该阶段存在于婴儿时期（0~2岁），主要通过感觉器官探索和学习事物；②直觉阶段/前运算阶段，该阶段存在于孩童时期（2~7岁），儿童开始形成表象或形象图式，他们的记忆力、思维能力与想象力得到一定发展，他们开始善于运用表象符号代替所指事物，因此语言能力得到迅猛发展；③具体运算阶段，该阶段存在于儿童时期（7~11岁），他们已经具有了抽象概念，多向思维，因而思维可以逆转，可以进行逻辑推理，此外他们还获得了守恒概念（如长度、体积、重量等）；④形式运算阶段，该阶段为最后的发展阶段，此时个体思维已经无须依赖对具体事物的感知，个体能够对多个命题之间的逻辑关系进行推理，不仅能运用经验归纳的方式进行推理，还能够运用假设演绎的方式进行推理以解决问题。皮亚杰把个体认知发展过程看作是个体心智成熟过程，认为该过程是由个体遗传因子和人生经验共同影响与作用。他认为心智的发展过程就是个体新获得的知识经验与已有的知识经验不断融合、达到平衡的过程，它包含了同化和顺应两部分。同化过程是指当新知识与旧知识相矛盾，个体在人脑中将新知识进行修正，使之与旧知识相契合，将其纳入原有知识体系，从而形成新的知识结构的过程；顺应过程则是指当旧知识与新知识相矛盾，个体在人脑中对原有知识进行修正，以使其能容纳新知识，从而形成新的知识结构的过程。由此可见，思维的发展与已有经验知识是认知建构的基础，个体在学习过程中任务难度应与学生当前的认知能力相符。

（四）分层教学的相关理论

1. 因材施教理论

孔子是我国古代教育史上第一个将"因材施教"教育思想应用在教学实践中的伟大教育家。孔子根据学生的不同性格、资质、品格等进行针对性的教育，留下了许多经典的"因材施教"的案例为后人学习与借鉴。我国伟大的教育家陶行知先生主张，教学必须从学生的实际情况出发，学得多教得多，学得少教得少，学得快教得快，学得慢教得慢。我国历史上的教育家们非常重视人的个体差异性的存在，并且已经根据此种差异性而有针对性地采取了不同方式的教育，即"因材施教"。西方教育学家研究教育现象更加关注人的个性，在教学问题的思考上，更多地立足人的存在和价值，因此，西方教育者们喜欢使用个性差异、天性差异等词来表述不同学生的差异存在。一些国外的教育家也对学生个体差异的关注体现了"因材施教"的思想。分层教学就是教育者对不同水平具有不同接受能力、不同性格的学生进行"因材施教"。分层教学首先承认学生的个体差异，其次教育者应针对学生的个体差异实施具体的教学行为，目的是使各个层次的学生均在原有的基础上学有所得、有所进步。这样，教师选择适合每个学生特点的方法来有针对性地教学，发挥并培养学生的长处，弥补学生的不足，能够更好地树立学生学习的信心，从而促进学生更好地全面发展。因材施教特别重视学生的个体差异性，根据个体差异性的不同进行不同层次的教育教学，特别有利于学生的学习、信心的树立和个性的发展。

根据学生的个体差异性，在日常的阅读教学中，根据学生不同的阅读方式、阅读习惯，以及不同的学习能力进行"因材施教"，这样可以有效提升班级里每一个学生的阅读能力和阅读水平。分层教学法将阅读水平相近的学生划分为一个层次，对每一个层次的学生设定不同的阅读目标，进行有效教学。

2. 最近发展区理论

"最近发展区"理论是由苏联教育家维果茨基提出的，其基本观点是：教育对学生的发展能起主导作用和促进作用，但需要确定学生的两种发展水平：一种是已经达到的发展水平；另一种是学生可能达到的发展水平，但必须有成年人或能力更强的同伴在学习者和要解决的问题或处理的任务之间起中介作用，这样所能达到解决问题的水平与在独立活动中所达到的解决问题的水平之间的差距称为"最近发展区"。"最近发展区"给我们的启示是：根据学生可能达到的发展水平可将全班进行分层，结合每一层次学生的发展水平，制定教学目标要求，并根据目标要求设计教学环节和教学活动，使学生积极地参与到适合自己水平的教学活动中去，对课后作业的布置也可根据学生可能达到的不同水平进行安排布置，使学生能达到符合自己能力水平的目标，体验成功的乐趣，树立积极向上的学习态度，更重要的是能够使不同层次水平的学生更好地树立信心，使得学习成为自己的一个内在需求和可持续的发展过程。在分层阅读教学中，教师有必要去对每一个学生现有的阅读水平进行了解，并为他们设定跳一跳，努力一把就能达到的阅读目标。根据学生的不同阅读水平和阅读能力进行分层，然后开展教学活动，实施不同的教学方法，以便于不同层次的学生进行有的放矢的学习、探究，从而完成阅读学习目标，使各个层次学生的阅读水平不断向前进步。

二、理论基础对阅读能力培养的启示

对话理论、认知建构理论、脑科学理论、分层教学理论四大理论在阅读信息加工、阅读理解与接受、阅读鉴赏等方面，给小学语文阅读能力培养教学以丰富的启示。

（一）丰富阅读认知，打好阅读基础

从心理学角度来看，阅读是读者把从材料中感知的信息和其认知结构中原有的知识结合起来，逐步生成意义的过程。跟任何领域中的专长一样，熟练的阅读能力也应该有赖于三个要素：观念性理解、自动化的基本技能、认知策略。所谓观念性理解，是指学习者具有应对阅读对象中所涉及的诸如字词句、文体、语体、主题等方面的知识，从知识的分类来看也就是陈述性知识；所谓自动化的基本技能，是指学习者对阅读中遇到的字词句、文体、语体、主题等的解码、分析技能；所谓认知策略，是指学习者在阅读过程中自发形成的一种技能和方法。从知识的分类来看，后两者属于程序性知识。基于上面的理解，可以将阅读过程分为四个过程：解码过程、字面性理解过程、推理性过程、理解监控过程。认知心理学关于阅读能力的阐述，启发我们在阅读教学中应该丰富学生的认知策略，积极培养学生的阅读认知能力。在阅读理解的过程，学生首先是认知言语信息，而言语信息主要是以图式表征出来的，它存在于个体的认知结构中。

（二）构建对话平台，促进阅读理解

阅读教学的目的是发展学生的阅读理解能力，它引领着阅读教学实践，目的不明确或者似是而非，无疑会妨碍阅读教学效果。新课程标准中对阅读教学目的做了详细的表述，归纳起来就是：培养阅读鉴赏能力，丰富阅读的情感体验与认知，发展学生的健康个性。

可见阅读教学就是要培养学生的阅读素养，在提高阅读素养的过程中培育阅读的主体精神，从而为其健康成长打下知、能、情、意的基础。

为了达到这样的教学目标，在阅读教学过程中，应该积极构建阅读对话与交流的平台，创设阅读情境，以增进阅读过程中师生的情感，拓展阅读过程中的阅读效能，提升阅读过程中的阅读品位，改善阅读教学品质。在这样的前提下，教师引领学生阅读理解文本，并走进学生的智慧世界，参与学生智慧的构建。由于学生的阅读理解具有内在的未完成性与自由开放性，这就赋予学生阅读理解过程的未定论性与无限的可能性。因此，在阅读教学过程中，教师还应该引导学生通过阅读情境平台，对阅读文本展开对话与交流，在不断汇聚、融合的过程中生成新的意义，并在这样的过程中，培养、发展学生的阅读理解能力。

（三）亲历阅读过程，尊重阅读体验

阅读教学的过程中教师还应逐步培养学生的阅读评价能力。在阅读理解过程中学生具有能动作用，其是文学作品的另一创作者。因此，在阅读教学思想、方法、态度等方面，教师应该始终确立学生的学习主体地位。接受美学理论告诉我们：读者的阅读过程也是一个再创造的过程，其中读者是主体，作品是客体，二者产生互动、对话的关系。在接受美学理论的观照下，读者被发现，被赋予主动接受的权利，成为自主的、开放的、具有个性的创造者。因此，在阅读教学中，应该尊重学生作为读者的地位，尊重学生的阅读体验。教师在阅读教学中不应该越俎代庖，要把阅读、体验、反思的权利交还给学生，确立学生在阅读教学中的主体地位，正确地利用学生的阅读期待，激发学生强烈的阅读欲望、想象、创造性思维，从而促进阅读理解；同时让学生积极而能动地，通过想象和理解排除或者填补未定点与空白点，深化对阅读文本的理解。只有这样，阅读教学过程中才会卓有成效，才能够切实提高学生在阅读理解过程中的评价、鉴赏能力。

（四）分层重点学习，活用阅读策略

阅读理解的最高层次是创新运用，为了提升阅读过程中的创新能力，应该进行科学的训练，训练的内容包括阅读的鉴赏型策略。鉴赏型策略作为一种高级的自我调控技能，总是包含着一整套操作步骤的。在阅读教学中，教师应该注意科学训练学生的鉴赏型策略，有序呈现关于阅读概念与规则的知识给学生，并通过科学的方式，指导学生开展对相关阅读方法各种规则加以训练的同时，还可以运用脑科学的新概念与假说，训练学生阅读理解思维等方面的阅读品质。如在阅读过程中，既要让学生感受作品的艺术形象，又要让学生领会作品的主题思想和构思特点。这样就要求教师在阅读教学中，要根据阅读文本的自身特点，提倡多读多写，重视积累、感悟、熏陶和语感，切实促进学生大脑两半球的和谐发展。如教师应该改变以讲解为主要方式的教学形式，采用多种方式并存，积极倡导自主、合作、探究的学习方式，保护、尊重学生多元化的解读方式，以培养学生阅读过程中反思、批判、创新的能力；如在阅读教学的价值目标的取向上，要全面提高学生的语文素养，在阅读教学的过程中不仅是关注"知识与能力"，也要关注"过程与方法""情感态度与价值观"，并且要让三者有机地结合在一起，真正促进学生认知与情感的协调发展。只有使以上各个方面有机地结合起来，才能真正地提升学生阅读创造能力的提高。

　　上述四个方面的基础理论，给新课程下学生阅读能力的培养以丰富的启示，给目前的阅读课堂教学实践以理论的指导。这四个方面的基础理论，从阅读理解的不同层面建立起一个立体的理论体系，为我们探索新课程下阅读能力形成的规律提供了理论思考的方向，更为我们探究新课程下学生阅读能力培养的基本策略提供了方法论的指导。

第三节　基于学生主体视域下的阅读能力策略培养框架

一、阅读策略培养研究

　　当前的阅读研究已渐渐突破学科领域的限制，阅读不再被认为是单纯地理解教材文本，而是渐渐走向真实情境下的意义建构和运用。阅读素养成为一切学习能力的核心，而阅读能力是阅读素养的基本能力。基于此，阅读教学逐步转向教授学生处理真实阅读问题的阅读策略。然而，就目前我国的语文阅读教学来看，教师对阅读策略的认识普遍不深，还没有形成系统的阅读策略教学意识。

　　对阅读策略教学的定义，研究者的观点大同小异，所谓策略教学，是指通过教学提高学生对学习要求的意识，掌握和运用恰当的策略来完成学习任务，从而形成监控策略运用的能力。

　　阅读策略与阅读方法的区别在于：阅读策略比阅读方法更具有整合性、条件性、灵活性。阅读方法是独立存在的，而阅读策略可能是一系列阅读方法的整合，而且阅读策略的使用具有条件性和灵活性，根据阅读任务、阅读目的、文本材料特点的不同，读者要选择不同的阅读策略，并且要随时调整适合自己的阅读策略来帮助自己阅读。阅读策略是学习策略在语文阅读中的具体表现形式，是指读者在阅读过程中，根据不同的阅读任务、阅读目标及阅读材料，所选择的促进有效理解的可灵活调整的方法和技巧。

阅读理念的变化导致研究者把研究视角从阅读技能训练转移到阅读策略的研究方向上来，很多国内外的研究者都对掌握阅读策略的重要性做了阐释。好的阅读策略应使学生认识到运用策略的目的，策略怎样和为什么起作用，何时何地可以运用策略，要引导学生积极参与对策略的评价、调控和整合，使之成为主动者的阅读。与传统的技能训练观不同，策略教学观认为：阅读能力是整体发生、内核生成的，字词句段、语修逻文、听说读写等基本技能是在整体大量的阅读过程中自然生成的。阅读是读者的原有知识和文本的现有信息相互作用而建构新意义的动态过程，即对话与重新建构的过程。对话将读者视为阅读活动的主体，阅读成为沟通人这个生命主体与文本内在精神从而发生思维碰撞、心灵交流的桥梁。建构的实质是读者的原有知识被激活，自觉运用阅读策略提升阅读能力。它注重学生对文本整体的感知、领悟和理解，珍视学生独特的感受、体验和思考。阅读教学的重点是培养学生感受、理解、欣赏和评价的能力。理解能力和整体感知能力是一个人阅读能力的重要标志。因此，阅读教学应该从精熟学习转向策略学习，以往占了课堂大部分时间的字词教学、篇章结构等这些重视知识获得的教学模式要向重视建构知识的策略性学习转变。

从总体上讲，学生阅读能力的培养途径大致分为课堂和课外两种。课堂途径即以阅读教学为主，主要以教材文本为学习对象。强调课文字词、段落的掌握、理解和背诵，教学方式多以讲授、朗读为主。近年大量研究者更加强调阅读教学对学生文学品位的提升，建议阅读教学不应单纯关注课文，应该更多引导学生关注教材背后的人文内容。课外途径主要为学生的课外自由阅读，大量研究者强调课外阅读的重要性，强调课外阅读量对阅读能力形成的重要意义。营造良好家庭、社会阅读环境，鼓励课外阅读，加强阅读指导，开展读书交流，与阅读教学内容相结合等是课外培养阅读能力的主要途径。研究以实验、问卷调查等方法为主。但在单纯实验环境中得出的结论往往难以在实际环境中奏效，问卷调查由于不能具体了解被试的个体情况，往往难以得到全面真实的结论。

二、国际学生评价项目对阅读策略培养的启示

国际学生评价项目（Programme for International Student Assessment，简称 PISA）是当前最具影响力的评价项目，曾两次将阅读素养作为测试的主要领域，PISA 阅读测试的维度主要包括文本（text）、情境（situation）和认知方面（aspect），其中认知方面是指读者会运用怎样的认知方法来处理文本材料，包括阅读时的基本策略、主要方法等。因此，PISA 在阅读素养框架中提出的在认知方面的测试内容，其实也是读者在阅读过程中所需要的阅读策略。

（一）PISA 阅读素养评价的特点

PISA 阅读素养评价不断发展对阅读策略的认识，通过 PISA 构建的阅读策略体系，我们可以归纳出以下三大特点：

1. 关注元认知策略，拓展阅读策略的空间

PISA 新增了任务管理策略，这不仅拓展了 PISA 阅读策略的空间，也有利于引起教育者特别是一线教师对元认知策略的关注。PISA 认为，有效的元认知阅读策略包括设置阅读目标。基于设置的目标进行阅读，知道怎样总结文本和记忆重要信息，监测理解并且知道怎样处理阅读理解问题。

PISA 对阅读策略的这一发展，主要考虑两方面的原因：一是大量研究表明元认知策略与阅读精熟度之间有重要关联，可以通过明确的元认知策略指导来改变阅读素养差的情况。也就是说，当读者被给予了认知和元认知策略指导时，相比那些仅仅训练传统阅读方法的学生而言，他们在测试阅读理解能力时能获得明显的进步。二是数字阅读素养的重要性不断提高，也需要加强对元认知策略的测评。在数字阅读中，元认知策略对实现阅读目标和计划极其重要。例如，在网上搜索信息的时候，常常根据需要会选择最相关的链接和路径，但这个过程中也可能会出现许多干扰信息。这就特别需要读者调动元认知策略，监测阅读过程，评价信息的来源和可信度，随时调整自己的阅读策略。因此，PISA 将阅读过程中内隐的元认知策略明确表述出来，为阅读策略教学提供了更加广阔的空间。

2. 细化具体内容，提升阅读策略的操作性

PISA 构建的阅读策略体系注重细化具体内容，为阅读策略教学提供了具体思路，提升了实践的操作性。

首先，增加了新的阅读策略。随着社会的发展，电子阅读、多文本阅读等新形式增加，这对阅读策略也提出了新的要求。PISA 在先前阅读策略的基础上既新增了元认知层面的任务管理策略，又细化了文本处理策略，增加了"搜索和选择相关文本""评价质量和可信度""发现和处理冲突"三项具体策略，更新了阅读策略的类型。此外，还不断融入新的阅读理念，首次将阅读流畅性提到了阅读策略的关键位置，使阅读策略体系变得更加全面。

其次，细化每一项阅读策略的具体内容，包括可能使用的阅读情境、具体操作程序等。以"访问和检索文本信息"为例，PISA 在描述中用了这些表达：读者要对任务要求进行理解，了解文本作者，评价相关文本，读者要基于对信息的需求快速略去无关段落，有时还需要通过浏览几个段落对信息进行检索，以及根据需要调整阅读速度、思考和处理

无关信息的能力等。这样的描述语言，立体地阐释了每一项阅读策略的具体内容，可以为实践教学提供有力借鉴。

最后，细化了阅读策略使用的情境、文本等内容。传统教学中阅读情境单一，以课堂阅读为主，阅读教学中所训练的技能主要用来应付考试，学生并没有培养起生活所需的阅读能力。PISA 阅读测试主要关注学生在不同情境中灵活运用阅读策略解决实际问题的能力，因此，基于真实生活划分了四种具体的阅读情境：个人的、公共的、职业的和教育的。随着认识的深入，PISA 意识到真实生活中通常并不能明确地将四种阅读情境区分开来。例如，一个文本既可以用于消遣，又可以提供指导，即阅读情境既是个人的又是教育的。因此，PISA 进一步提出了阅读情境还可以是四种情境的综合，这一发展拓展了阅读策略的使用情境。此外，PISA 还结合信息时代的发展细化了文本材料，包括纸质和电子、单文本和多文本、连续性和非连续性混合、静态和动态等多种形式。广泛的阅读材料突破了教材文本的单一局限，有利于培养学生运用多种阅读策略的能力。

3. 关注高级阅读策略，增加阅读策略的类型

PISA 旨在了解学生是否掌握了社会所需要的、应对终身学习的阅读素养。因此，PISA 更加关注高级形态的阅读策略。随着数字化阅读和多文本阅读的深入发展，读者面临的阅读情境更加复杂，常常需要应对庞大的搜索引擎、网页、各种类型的文本等，可得到的信息量远远超过了需要的数量。在这样复杂的阅读情境下，仅依靠基本的识字、记忆、厘清结构等策略还无法实现阅读目标。基于此，PISA 阅读策略体系构建了整合、推论、评价质量和可信度、发现和处理冲突等一系列适用于解决真实阅读困难的高级阅读策略。这些策略鼓励读者在阅读中展开深入思考，整合、推论多文本资源，积极质疑阅读内容的质量和可信度，善于发现和处理多文本阅读中的冲突。这些策略体现了 PISA 对学生深度阅读、批判性阅读等能力的重视，真正将阅读素养作为一种学习能力来培养，使学生可以"通过阅读来学习"。

（二）PISA 对语文阅读能力培养策略教学的启示

PISA 构建的阅读策略体系传达了新的发展理念和关注重点，可以为我国的阅读策略教学提供以下借鉴。

1. 关注元认知阅读策略教学

目前我国小学阅读教学较多关注对教材文本内容的多元解读，大部分教师没有形成阅读策略教学意识。借鉴 PISA 的最新理念，准确正规的阅读策略指导可以提升学生理解文本和使用信息的能力。更准确地说，当学生具备一定的阅读策略时，就可以在没有教师指

导的情况下自己阅读，并通过使用阅读策略，与文本进行有效的互动并且处理相关阅读问题。

因此，我们在阅读教学中首先要形成阅读策略教学的意识，注重培养学生的阅读策略，不仅教会学生如何阅读，还要教会学生"通过阅读来学习"，促进阅读能力向终身发展需要的学习能力转化；其次，在教学中除了要教授具体的认知阅读策略外，还要重点关注元认知阅读策略。当下许多学生在阅读过程中并不会去思考自己在读什么、怎么读或用什么策略读，他们只认为自己正在阅读。这种现象其实反映了元认知阅读策略的缺失。元认知阅读策略是对学生自身阅读过程的认知，教师可据此引导学生对阅读过程进行计划、监控、调整，使学生明白自己正在想什么和做什么，以便在阅读过程中灵活选用适当的阅读策略。因此，教师要帮助学生有意识地训练元认知阅读策略，让学生学会在阅读过程中如何设置阅读计划，如何选择合适的阅读策略，如何监控阅读步骤等，通过反复练习，提升学生的阅读能力。

2. 重视高级阅读策略

长期以来，受应试教育的影响，许多学生已经形成了固定的思维，迷信教材和教师。这种"唯书是从"和"唯师是从"的理念使学生渐渐丧失批判性思考的能力，在阅读中既不能对所读内容进行判断推理，也不能在阅读后构建自己的理解。此外，随着社会的发展，阅读情境变得越来越复杂，学生生活学习中所面临的阅读问题也更加难以应付。例如：数字化阅读带来大量信息，如何去伪存真，筛选自己需要的信息；多文本阅读下，如何选择相关文本、如何整合多种资源、如何发现和处理多文本间的冲突，这些都离不开学生的批判性思考能力。因此，从提升学生的批判性思考能力出发，教师的阅读策略教学不仅要教授学生基本的阅读策略，更要着眼于高级阅读策略的开发和教学。在实践教学中，教师要多引导学生反思发问：根据这篇文章推论了什么、忽视了什么、曲解了什么，对这篇文章呈现的观点我有什么看法等。鼓励学生以存疑为始，积极发表自己的看法。在反思发问的过程中，教授学生一些高级阅读策略，例如深度阅读、有声思维法、可视化阅读策略、表格式笔记等，以促进学生通过对文本材料的深度理解，构建新知，提升其批判性思考能力。

3. 提供阅读策略教学指导

很多时候，阻碍教师进行阅读策略教学的原因并不是缺乏阅读策略，而是不知道如何将这些策略教授给学生。要将阅读策略教给学生，一方面，教师必须对所教授的阅读策略有清晰的认识，知道每一种策略涉及哪些步骤，怎样给学生示范每个步骤才能让学生更好地掌握；另一方面，教师也必须思考，传统以理解文本内容为中心的"单篇精读"课型是否适合对阅读策略进行教学。基于以上两方面的考虑，明确的指导性教学将有利于学生对阅读策略的理解，教师既要深入理解所教阅读策略，又要掌握一些阅读策略教学的方法，细化教学的步骤。当然，无论怎样设计，阅读策略教学一定要指令明确，能调动学生的主动性，使学生能够将所学阅读策略内化，直至在实践中能熟练地运用。另外，要转变传统单篇精读的理念，开发新的适合阅读策略教学的课型。可以整合学科资源，开展跨学科阅读；也可以建构阅读主题，开发群文阅读或者多文本阅读课型；还可以模拟生活情境，开发解决生活阅读问题的阅读课型，进而更好地实现对教师阅读教学策略与学生阅读能力的双向提升。

三、基于学生主体视域下的阅读能力策略培养框架分析

阅读策略是可以教的，而且研究证明：由教课文转变到教阅读策略，也是阅读教学改革的必然趋势。阅读策略教学的研究有很多优秀成果，很多学者吸收国外先进的思想理论，为我国阅读策略教学领域的研究奠定了十分坚实的基础。同时，结合我国语文教学的实际情况，研究者开展了许多阅读策略教学方面的实证研究，取得了较好的效果，这些结果都证实了阅读策略教学能够帮助学生提高阅读成绩和提升阅读水平。这些成果也为本书起到了奠基、引领、启发的作用。之前的研究也存在不足的一面，很多研究都是从认知理论出发，推导出阅读过程需要哪些策略，因此，存在大量重复性、表面性的研究。本书就是从学生主体视域出发，审视当今小学语文阅读课堂，研究学生到底应在阅读课上习得怎样的阅读策略，以期通过课堂实证研究，引起教师对阅读策略教学的关注和反思，提高阅读课教学质量，切实提升学生的阅读能力。

只有清晰地掌握不同学习阶段中学生阅读能力的构成，才会更好地促进不同学生阅读能力的提高；只有抓住不同学段学生阅读的核心能力，教师在阅读教学实践中才有了具体的抓手，可以以点带面、抓住中心、以主驭次。人们对阅读能力构成的研究大多都是包含了不同层次的能力，其实，这就是阅读能力的一个发展层级。事实上，对阅读能力结构的研究与认识不应该局限在某一个方面，而应该着眼于阅读能力的系统发展上，因此，有必要研究阅读能力与不同发展层次之间的关系。

从课标的阅读能力要求来看，课标制定者对于如何引导学生理解文本，提出了具体的要求，第二学段中指出学生要达到"能借助字典、词典和生活积累，理解生词的意义"这是联结策略的应用；"能对课文中不理解的地方提出疑问"这就涉及学生要学会自己提问，自主寻找问题答案的过程，这其实就是质疑释疑策略，通过自问自答，能够帮助学生在阅读过程中更好地思考和理解文本。第三学段阅读部分的目标中有"能联系上下文和自己的

积累，推想课文中有关词句的意思"，这实际说明了预测策略的运用。在阅读中了解文章的表达顺序，体会作者的思想感情，初步领悟文章的基本表达方法。在交流和讨论中，学生要敢于提出看法，做出自己的判断。要求学生体会作者的思想感情时能够提出自己的观点和看法，很多作者在文章中并没有明确地表明自己的思想，这就需要学生深入体会文本的未言之意，提出自己的观点时，必须做到有理有据，这就需要用到推论策略。此外，课标制定者对于不同学段要读不同文体及怎样读，做了明确规定，如第二学段要求复述叙事性作品的大意，第三学段对于叙事性作品要求能够了解事件梗概，说明性文章要能够抓住要点，阅读简单的非连续性文本，能够图文结合提取有效信息等。

总之，解析小学阶段阅读能力目标，可以避免阅读能力培养中的片面性和割裂性，可以对立统一地把握阅读过程的精髓，可以用发展的眼光来看待阅读过程与阅读能力的发展，防止阅读能力培养过程中顾此失彼的"钟摆"现象的发生。

几年来，工作室成员进行了大量的文献研究，明确各阶段阅读核心能力，并依据语文课程标准中所渗透的阅读策略，梳理出小学阶段三个学段的阅读策略，具有一定的现实意义，同时对学生阅读策略的学习和教师培养学生阅读能力具有较好的促进作用。

参考文献

［1］徐文．小学语文教育与文学素养研究［M］．青岛：中国海洋大学出版社，2022．

［2］郦波．语文素养小丛书课本中的古诗词下［M］．上海：东方出版中心，2022．

［3］孙立华．基于核心素养的语文教学实践［M］．北京：线装书局，2022．

［4］张奎文．新时代语文教育论丛［M］．天津：天津社会科学院出版社，2022．

［5］王彤彦．语文评学教系统的重构［M］．北京：华文出版社，2022．

［6］姚林群，郭元祥．语文何以滋养生命——语文深度教学研究［M］．福州：福建教育出版社，2022．

［7］侯秉琛．素养本位的小学语文教学——名师课堂教学录评［M］．西安：陕西师范大学出版总社有限公司，2021．

［8］潘小斌．合作学习小学语文核心素养教学实践策略［M］．广州：广东经济出版社，2021．

［9］康海荣．小学语文课程教学设计多维研究［M］．北京：北京工业大学出版社，2021．

［10］施丽聪．体格立场——小学语文教学新思维［M］．厦门：厦门大学出版社，2021．

［11］杨慧莉．小学语文语用教学的实践研究［M］．天津：天津社会科学院出版社，2021．

［12］周一贯．小学语文教育的文化观［M］．南昌：江西教育出版社，2021．

［13］朱永新，曹明海．语文阅读与成长［M］．济南：山东教育出版社，2021．

［14］林秀萍．小学语文核心素养培养之策略研究［M］．北京：中国言实出版社，2021．

［15］郭元祥．深度教学促进学生素养发育的教学变革［M］．福州：福建教育出版社，2021．

［16］周步新．学而书坊 小学阅读策略的学与教［M］．宁波：宁波出版社，2021．

［17］陈月容，黄秀英．研而有声——基于核心素养下小学语文教学的探索与实践［M］．长春：东北师范大学出版社，2020．

［18］林爱珠．基于核心素养的小学语文智慧课堂教学模型的建构与实践［M］．长春：吉林人民出版社，2020．

［19］任光霞．小学语文课程与教学研究［M］．长春：吉林人民出版社，2020．

［20］丰际萍，赵晓蕾，聂淑香．基于标准的小学语文单元整体教学［M］．济南：济南出版社，2020．

［21］苗禾鸣，赵相甲．小学语文整本书阅读课程设计与整体性实施［M］．北京：线装书局，2020．

［22］汪建军．小学语文综合素养高段［M］．昆明：云南美术出版社，2020．

［23］唐连明．语文课程校本化的区域指导［M］．上海：上海社会科学院出版社，2020．

［24］范吉明．语文，向美而行［M］．长春：吉林人民出版社，2020．

［25］曾扬明．表达型语文［M］．福州：福建教育出版社，2020．

［26］向爱平．语文教材，如何用得更好［M］．北京：语文出版社，2020．

［27］陈正璋，林碧珍．小学语文课堂教学与素养培植［M］．福州：福建教育出版社，2019．

［28］雷蕾．基于核心素养的有效学习与学业评价策略小学语文［M］．长春：东北师范大学出版社，2019．

［29］郭淑慧．基于学生核心素养培养的小学语文单元整体教学研究［M］．济南：山东大学出版社，2019．

［30］金荷华．语文教师核心素养与提升指导［M］．上海：复旦大学出版社，2019．

［31］宋秋前，余春丽，赵飞君．小学语文教学的优化策略［M］．上海：上海交通大学出版社，2019．

［32］吕洋．基于核心素养提升的语文智慧课堂［M］．西安：陕西师范大学出版总社，2019．

［33］赖菊香．基于核心素养的小学语文生本教育［M］．长春：吉林人民出版社，2019．

［34］勾祖鹏．小学语文课堂教学提升技巧［M］．成都：西南交通大学出版社，2019．

［35］杨洪港，肖杏花，何小波．浅谈小学语文教学管理［M］．长春：吉林人民出版社，2019．